唐代金银器角隅纹样研究

陈妍言 著

中国民族文化出版社
北京

图书在版编目（CIP）数据

唐代金银器角隅纹样研究/陈妍言著.—北京：
中国民族文化出版社有限公司，2019.12
ISBN 978-7-5122-1302-9

Ⅰ.①唐… Ⅱ.①陈… Ⅲ.①金银器（考古）—纹样—研究—中国—唐代 Ⅳ.①K876.434

中国版本图书馆 CIP 数据核字（2019）第 284214 号

唐代金银器角隅纹样研究

作　　者	陈妍言
责任编辑	万晓文
责任校对	张嘉林
出 版 者	中国民族文化出版社　地址：北京市东城区和平里北街 14 号
	邮编：100013　联系电话：010-84250639　64211754（传真）
印　　装	天津雅泽印刷有限公司
开　　本	170mm×240mm　16 开
印　　张	13
字　　数	201 千
版　　次	2020 年 9 月第 1 版第 1 次印刷
标准书号	ISBN 978-7-5122-1302-9
定　　价	60.00 元

版权所有　侵权必究

作者简介

陈妍言，女，山东省菏泽学院动画系主任、美术与设计学院实验教学中心主任，副教授。2001年毕业于山东工艺美术学院装饰艺术设计专业，获得学士学位。2007年毕业于清华大学设计学专业，获得硕士学位。多年来一直专注于传统工艺美术历史、文化、民间艺术文化等研究，有着丰富的研究设计经验。先后发表科研教改论文19篇，设计的作品获得省级奖项10项，主持省厅级科研项目4项，参与省部级、市厅级教研科研项目5项。其教研、科研成果所获荣誉包括山东省高校青年教师多媒体教育软件竞赛一等奖、山东省高等学校优秀科研成果三等奖、山东省高校艺术教育论文三等奖、全省高校校园文化建设理论与学术类优秀成果三等奖等。

内容简介

随着物质生活水平的日益提高，人们对于精神层面的要求也日益提高，进而促成了时下的艺术品收藏热，唐代金银器便是其中很具收藏价值的艺术品。本书是难得的系统介绍唐代金银器的图书，其中尤以角隅纹样为研究重点，根据纹样题材和出土区域，列明了其类型和精湛的冶炼制作工艺，揭示了唐代开放、多元的审美风尚和文化追求。本书具有很高的艺术品鉴赏收藏价值，对于弘扬我国深厚悠远的中华文化也颇有意义。

本书可供相关艺术品藏家、相关领域教师、相关研究人员和学生参考，也可供对此领域感兴趣的读者阅读。

前 言

唐代金银器的形制多种多样,超过其他所有质料器物的种类,金银器纹样几乎包括了唐代流行装饰纹样的全部,兼以精湛的冶炼和制作,形成独有的风格。从而,唐代金银器引起了广泛的关注,中外学者进行了不同角度、不同层面的研究,纹样虽是金银器分期的重要依据,但既有研究较少从纹样本身对思想观念、审美情趣的表达及与器物关系做进一步的讨论。所以,本书从角隅纹样入手,希望对此有所增益。

作为纹样的一个类型,唐代金银器角隅纹样同主题纹样的演变基本同步,题材包括植物纹、动物纹、人物纹及其他四类,组织包括缠枝、折枝、花结、团花等,种类繁多,面貌丰富,从一个侧面反映了唐代金银器纹样的装饰特点。又因器物形制和装饰位置的不同,不同工艺技法的应用,角隅纹样的形态也随之呈现出丰富而又独特的变化,有的更成为器物断代的重要依据。角隅纹样的演变以及对外来文明的吸收、创新,从一个新的视角展现了唐代金银器装饰纹样演变发展的历史全貌。

鉴于角隅纹样的特点,本书运用史料学、类型学等研究方法，从题材、区域类型及与形制关系三方面展开讨论：着重分析角隅纹样的不同题材类型及其各自应用特点、规律，并以装饰单元内外细化器体装饰类型，更在分析过程中注重社会历史、文化、地域等方面的影响，进而通过列表分析角隅纹样各类型分布特点、演变过程及形成原因，并与形制和构图演变相结合，确立了形制对纹样的决定作用，以及纹样对器物的装饰和塑造作用，把饰与型的关系提高到相辅相成、完美结合的境界。

通过对唐代金银器角隅纹样的研究，从辅助纹样的角度对形制与纹饰的关系进行深入分析，进而揭示唐代开放、豪迈、多元的时代审美风尚和文化追求。唐人挣脱信仰、宗教等束缚，对外来文明和艺术形式进行吸收和创新，为当代中国在国际化趋势影响下，在中外文化频繁碰撞过程中如何对待外来文化，提供了有益的借鉴。

| 目　录 |

第 1 章　绪　论 …………………………………………… 1
　1.1　选题意义 ………………………………………… 3
　1.2　研究现状 ………………………………………… 5
　1.3　研究方法 ………………………………………… 9

第 2 章　题材分类 ………………………………………… 41
　2.1　组织形式 ………………………………………… 44
　2.2　题材类型 ………………………………………… 58

第 3 章　区域分类 ………………………………………… 125
　3.1　装饰单元外的角隅类型 ………………………… 127
　3.2　装饰单元内的角隅类型 ………………………… 146

第 4 章　形制与角隅纹样的关系 ………………………… 159
　4.1　结　构 …………………………………………… 161
　4.2　构　图 …………………………………………… 166

1

第 5 章 结　论 …………………………………………… 187

参考文献 ………………………………………………… 193

附　录 …………………………………………………… 200

第 1 章 绪 论

1.1 选题意义

由于金银器质料珍贵、外观华丽，具有实用、陈设甚至货币等多重价值，虽仅为少数人占有，却领导着时代审美风尚，加之对外来艺术元素的吸收，唐代金银器的形制、纹样和工艺技术呈现出一番繁荣景象。唐代金银器的形制多种多样，超过其他所有质料器物的种类，金银器纹样几乎包括了唐代流行装饰纹样的全部，兼以精湛的冶炼和制作，形成了独有的风格。所以唐代金银器引起了广泛的关注，中外学者进行了不同角度、不同层面的研究，纹样虽是金银器分期的重要依据，但既有研究较少从纹样本身对思想观念、审美情趣的表达及与器物关系做进一步的讨论。所以选择从角隅纹样入手，希望对唐代金银器相关研究有所增益。

角隅纹样定义为三角形，居于边角，具有辅助装饰作用的适合纹样。三角形具有强烈的方向感及灵动的穿插能力，易适合各种形制；处于边角位置又对器物整体的塑造起着重要作用；而辅助装饰可对其功能避重就轻，使器物纹样主题突出、层次分明，利于思想观念和审美情趣的表达。因其形状、位置、作用等特征，相较于单独的主题和边缘纹样，角隅纹样更加生动活泼，有着独特的表现方式和功能作用。

对于唐代金银器角隅纹样研究的意义在于：作为一种纹样类型，唐代金银器角隅纹样同主题纹样的演变基本同步，题材包括植物纹、动物纹、人物纹及其他四类，组织包括缠枝、折枝、花结、团花等，种类繁多，面貌丰富，从一个侧面反映唐代金银器纹样的装饰特点。又因器物形制和装饰位置的不同，不同工艺技法的应用，角隅纹样的形态也随之呈现出丰富而又独特的变化，有的更成为器物断代的重要依据。而且角隅纹样的演变以及对外来文明的吸收、创新，从一个新的视角展现了唐代金银器装饰纹样演变发展的历史全貌。

从装饰方法及与器物形制关系看，因装饰功能要求，角隅纹样分布在各种形制的不同位置，特别是在唐代金银器变化丰富的器物形制基础上，体现得更为明显、灵活、生动。比如同为折腹高足杯，有的因莲瓣纹的存在而在杯沿处形成角隅纹，有的因折腹的结构在腹沿处形成角隅纹，另外还有两者兼而有之的情况。再如盒有圆形、花瓣形、方形、蛤形等，角隅纹样依据不同的形制分布在不同的位置和形式，包括圆形盒和花瓣形盒的盖或底面，方形盒的各个面，蛤形盒的角隅处，并呈八隅、五隅、四隅，或对角、一角，或上下相对等各种布局方式，既灵活多变又生动活泼，为纹样研究提供了丰富的资料。另外，唐代金银器出现了多曲和葵花、菱花等形制，角隅纹样在一定意义上充当了区域划分的界限，在工艺技术的应用上也体现出重要作用。总之，角隅纹样因形制和主题纹样的限制而呈现出的不同布局，不仅是对纹样设计方法的有益补充，也是对器物形制比例关系的重新规划，更是形制丰富内容的具体体现，从而使唐代思想观念和审美情趣得以更好地表达。

文化价值方面，在中外文化交流频繁的唐代，角隅纹样一方面在对外来文化吸收、结合和创新的过程，体现出思想观念、宗教信仰等多元化的发展方向，成为纹样装饰，逐渐摆脱传统束缚，走向世俗化、大众化和多样化的见证，另一方面，外来文化和思想观念中体现的创新力——对艺术形式的接受，对纯粹美的创造，在角隅纹样的演变过程中也得到了充分体现。所以，对唐代金银器角隅纹样的研究，可以从新的角度认识社会历史文化的传承以及中西文化的交流融合，以便从其演变过程中提炼出创新方法，以期为现阶段面对国际化趋势影响下，在中外文化频繁碰撞过程中如何进行接受和创新提供有益借鉴。

因此以唐代金银器角隅纹样为研究对象，将典型、丰富、质料特殊的器物进行分类、汇总，并对纹样和形制的关系进行深入探讨，从而使唐代金银器研究中角隅纹样整体面貌得以展现，并针对纹样研究中附属纹样涉猎甚少的现状，使其价值得以表现。因此，对唐代金银器角隅纹样具体而深入的研究，在唐代金银器和纹样研究两方面均有重要意义。

1.2 研究现状

本研究对象为唐代金银器纹样的一种，既属于金银器研究范畴，也是纹样图案研究的分支，下面将对这两方面研究现状分别阐述。

既有唐代金银器研究方面，讨论中心多在器物形制，纹样研究仍仅停留在分类及对金银器分期起辅助作用阶段。国外研究唯英国学者罗森的《中国唐朝银器装饰》把装饰研究提升到了重要地位，然其还只限于对纹样渊源的讨论。国内研究中，韩伟的《海内外唐代金银器萃编》中列举了角隅纹样这一类型，但仅有图例2幅，不能代表唐代金银器角隅纹样的整体面貌，且研究没有联系相应器物，在器物和纹样研究中仍然各自为政，没有涉及两者的关系。

尽管欠缺对唐代金银器角隅纹样的具体研究，但已有关于唐代金银器的著述仍是本书写作的重要参考，主要有以下几种。

陆九皋、韩伟的《唐代金银器》首次提出了南方金银器的兴起并追溯其兴起原因，阐述了唐代供奉之风的形成和兴衰轨迹，还与唐代金银开采、冶炼技术以及流通作用等联系，把金银器研究第一次纳入较完整的社会背景中，其成果及方法对此后研究颇有启示。所收器物百余件，多出土于陕西、江苏两地，国外藏品概未收录，对纹样仅在器物说明中有所提及，没有对纹样进行研究。

20世纪80年代，中国研究唐代金银器最为重要的著作是韩伟的《海内外唐代金银器萃编》，把零散出现于各种书刊和收藏于海外的唐代金银器集于一书，在分期研究特别是纹样研究方面，更为直观、简便。该书以图像资料为主，将290件器物绘出线描图，相较于照片，线描图没有印刷质量差的困扰，使器物面貌得以清楚再现。并且采用形制图、纹样展开图或附器底、器内的局部图等一器多图的介绍方式，使人们了解到许多过去无法从照片上了解的情况，对器物和纹样研究都具有重要的意义。其"简论"部分共三万余字，包括"唐代制造金银器的目的及部门""金银器在唐代前后的使用情况""唐代社会生活中的金银器""唐代金银器装饰图案的题材""金银器的装饰构图""金银器装饰图案的特点""唐代金银器的装饰图案的演变"等八部分内容，是当时比较全面的研究。但因侧重点不同，对纹样只做题材上的简单划分，角隅纹样各类型的区分亦概念不清，仅从形状上把山岳纹和角隅纹排列在一起；加之缺少纹样依附的器物附图，忽略了器物对纹样的决定作用。

齐东方先生的《唐代金银器研究》是此方面更为全面的专著。其讨论以考古学为基础，运用各方面资料（例如，壁画、铜器、陶瓷器等）纠正了以往对某些器物断代的错误，兼以大量文献资料佐证，把金银器分期与唐代历史紧密联系，将唐代金银器发展分为"飞速发展""成熟"和"普及和多样化"三个时期，使唐代金银器的整体历史面貌得以更加清晰地显现。另外，齐先生对中西文化交流影响涉猎颇多，从而在文化方面提出了对唐代金银器产生重要影响的三个系统——萨珊、粟特、罗马-拜占庭，对其作用的阐释也非截然分开，而是在多种文化融合中寻求三者最基本的特点及对唐文化最直接的影响。该书在唐代金银器分期以及吸收接纳外来文化的思想观念、审美情趣方面的研究均有重要意义，但其纹样研究主要侧重于分类，从题材角度对纹样进行归类，且在主题纹样和附属纹样的分类中没有涉及角隅纹样这一类型。

至于纹样图案学方面，最重要的参考文献是雷圭元先生的《新图案学》《图案基础》和《中国图案作法初探》。

《新图案学》是雷先生1948年的著作，以图案的艺术创作为基础，内容包括图案与人生、图案与源泉、图案的内容、图案的形式、图案的构成、图案的格式和图案的事业等七部分。不仅深刻地认识到图案服务于人生的最基本作用，而且清晰地指出技术与艺术的关系，确定了艺术的主导地位。该书提出了从生活各方面出发寻求图案创作源泉，从人体的均衡比例到建筑物体现的合作分工以及超越感觉的精神之美，再到生活中提炼出的线、形、色彩元素，皆系构建艺术创作源泉的框架；还进一步指出它们是相互联系的——来自大自然、来自生活，此观点对后来的图案研究和创作具有重大的指导意义。其对图案内容、形式、构成和格式的论述，不但突出形式美法则的指导作用，更注重各种材料、功能的应用，将纹样与形制紧密联系，为器物造型中的图案研究指引了新的方向。该书在图案创作的目的、源泉、方法、发展方向等方面均有涉及和研究，对图案艺术实践具有重要指导意义。

《图案基础》撰写于1963年，是对图案基础知识介绍性的著作。除有图案形式法则、分类、构图等基本创作方法的阐述外，更对器物造型讨论不少。该书将器物造型放置于平面、立面的轮廓中，利用米字和九宫格对器物的权衡比例进行分析，不仅使器物比例更易把握，而且在技术实施上也提出了科学、简便的方法。其对装饰纹样与器物的研究不再局限于装饰层面，更增加了纹饰对器物塑造的内容，对本文具有借鉴意义。

《中国图案作法初探》编写于1979年，主要对中国图案的语言、意义、比例、权衡、表现做了阐述，特别以太极和囧形这两大经典图案探究中国图案的思想观念和审美情趣以及在各时代的具体应用，为当代图案创作和设计提供了有益的方法。尽管书中提到中国立体图案中的比例和权衡，但仅通过比例图进行简单说明，并无对依附在器物上的立体图案有所解说，没有涉及角隅纹样等辅助纹样对器物比例权衡关系塑造的作用。至于"中国图案中的经典比例"也只提到了九宫格布局以及在此基础上平视体和立视体的布局方法，略显单薄。

雷先生这三部著作从不同角度对图案艺术创作作出贡献，既有宏观的把握、形式方法的分析，又有对中国图案思想和审美的诠释，一定程度上代表了图案学的研究现状，在纹样创作方法和审美法则等方面具有指导意义，是本文重要的参考。

综上所述，已有关于唐代金银器和图案学的研究不少，但涉及角隅纹样的却寥寥无几。但是前辈、时贤的努力和研究成果，或为本文研究对象的依据，或为研究过程中的指导，或者在研究方法上提供了的借鉴，这些均对本文研究和写作具有重要的意义。

1.3　研究方法

至于研究方法，依然遵从以实物为中心，用历史文献解说实物，进而填充现有认识的空缺，尽力复原古代工艺美术中"人"的因素。当然，这与其说是方法，更毋宁是一种治学目的，所企盼明了和肯定的，是彼时历史的面貌，以及对这种面貌的解说。

由于条件限制，大多数实物难以目睹亲见，并且，出于肯言或不肯言的原因，大量重要实物甚至会被发掘者或收藏人视若拱璧，秘不示人。而少数能够目睹亲见的我们又无法接触，只能隔着展柜、透过玻璃观摩，难以得到全面而真切的认识。研究工艺美术主要的途径不外三个：调查、参观和阅读。因为一般较少接触文物，能从报刊、书籍见到清晰彩图并配有详细说明，已是大幸；但我们更有条件翻检书刊，或许能以更多的阅读遮掩对实物细节的欠了解，这也是研究特别重文献的主要原因。

鉴于研究内容的是历史悠久的古代工艺美术问题，因此，尽可能全面占有资料和占有原始资料是极有必要的。全面占有资料的必要在于它是准确理解古代工艺美术现象的基础。工艺美术史的基本知识要靠实物和文献史料获得，任何观点均需充分的史料支持，见解越深刻，结论越高明，凭据的史料就要越充分、越全面。就写作而言，实物方面，现已发现并刊布的唐代金银器角隅纹样，是本书研究的主要对象。凭借确定的纪年，能建立起较为可靠的年代序列，进而可以探讨时代演进与工艺美术风格之间的关系；而文献资料方面，相关年代的古人记载，为复原这些器物提供了依据；前人时贤的研究成果可使人开阔眼界，其他学科治学之长更可借鉴，令研究更具广度和深度。但凡治史都应当全面、系统地研究第一手材料，以获得最为真切的知识。占有原始资料即是要避免以讹传讹、辗转相抄的缺陷。

上述实物与文献相结合、充分占有原始材料的方法是写作的根本。在此原则指导下，试图参用考古学中类型学的方法分类整理资料，对唐代金银器角隅纹样进行纹样题材、区域类型以及器物形制等方面进行分类比较，并运用图案学的知识，对唐代金银器的角隅纹样和形制的关系进行深入的分析。

需特别指出的是，现纹样命名随意性较大，相同的纹样往往冠以诸多不同名称，本书在讨论中以齐东方先生在《唐代金银器研究》中对纹样的命名、归类为主要依据。如有纹样超出常见范畴，书中则另行命名。若涉及器物造型命名，亦依此原则。

表1.1 唐代金银器角隅纹样应用一览表

时间	序号	器物图	名称与尺度	出土与收藏	角隅纹样分布	出处
7世纪中叶及后半叶	1		纳尔逊莲瓣纹弧腹银高足杯，高3厘米，径6.4厘米。	纳尔逊—阿特金斯美术博物馆藏。	口沿与莲瓣之间饰缠枝。	②线图57
	2		纽约双莲瓣纹弧腹银高足杯，高4.8厘米，径6.4厘米。	纽约亚洲协会的乔底洛克菲勒征集。	口沿与莲瓣之间饰缠枝。	②线图60
	3		弗利尔葡萄纹圆形银盒，高2.25厘米，径4.45厘米。	美国华盛顿弗利尔美术馆藏。	盒盖左上位置盒沿与卷草纹之间饰飞鸟。	②线图221

(续表)

时间	序号	器物图	名称与尺度	出土与收藏	角隅纹样分布	出处
7世纪后半叶	4		白鹤莲瓣纹弧腹银高足杯，高4.7厘米，径6.2厘米。	日本白鹤美术馆藏。	口沿与莲瓣之间饰缠枝。	②线图63
	5		凯波缠枝纹银带把杯，高4.5厘米，重53.5克。	卡尔·凯波藏。	杯壁向背柿形花结与杯下沿之间饰云曲纹。	②线图72
	6		大和文华飞鸟纹花瓣形银盒。	大和文华馆藏。	盒边处六个三角形的桃形区域，饰飞鸟、卷云、折枝花草纹等。	③图版70线图笔者自描
	7		何家村莲瓣纹弧腹金碗，高5.5厘米，口径13.5厘米，重391克。	西安南郊何家村窖藏，陕西历史博物馆。	口沿与莲瓣之间錾鹊鸟、卷云和折枝花草纹，碗内底心团花与莲瓣之间饰花尖纹，莲瓣与圈足之间饰云曲纹。	④P114
	8		凯波缠枝纹圈底银碗，径17.6厘米，重318.5克。	卡尔·凯波藏。	碗内与碗外壁最外圈的背分式忍冬卷草纹与碗沿之间饰忍冬纹。	②线图120

(续表)

时间	序号	器物图	名称与尺度	出土与收藏	角隅纹样分布	出处
7世纪后半叶	9		何家村人物忍冬纹金带把杯，高5.3厘米，口径7厘米，足径3.1厘米。	1970年西安南郊何家村窖藏，陕西历史博物馆。	八棱杯壁每面中心錾人物，角隅饰忍冬纹装饰。杯下腹莲瓣纹与圈足之间饰水滴纹。	②线图67
7世纪后半叶	10		何家村乐伎纹银带把杯，高6.7厘米，口径6.9~7.4厘米，足径4.4厘米。	1970年西安南郊何家村窖藏，陕西历史博物馆。	八棱杯壁一执杯者画面，人物之上左上角饰一衔花飞鸟纹，其下左右与棱底间饰单株折枝。空手舞者画面中人物之上左右两角隅分别饰蝴蝶和双飞鸟，其下饰单株折枝。	④P84
7世纪末、8世纪初	11		白鹤莲瓣弧腹银碗，高5.2厘米，直径14厘米。	日本白鹤美术馆。	口沿下饰奔狐和折枝花草纹。碗内底与中心六瓣团花之间饰花尖纹。圈足的大叶云曲纹之间饰云曲纹。	②线图116
7世纪末、8世纪初	12		弗利尔莲瓣纹弧腹银碗，高5.5厘米，径14.5厘米。	美国华盛顿弗利尔美术馆。	口沿下錾羊、兔、鹊鸟以及折枝花草纹、卷云。圈足大叶云曲纹之间饰云曲纹。	②线图114

（续表）

时间	序号	器物图	名称与尺度	出土与收藏	角隅纹样分布	出处
7世纪末、8世纪初	13		纽约莲瓣纹弧腹银碗，高7厘米，径17.5厘米。	纽约亚洲协会乔罗克福莱征集。	口沿与莲瓣间饰羊、鹿、凤鸟及卷云、折枝花草纹。莲瓣纹间饰折枝花草纹。圈足大叶云曲纹间饰云曲纹。	②线图115
	14		俞博莲瓣纹弧腹银碗。	瑞典俞博收集。	口沿与莲瓣之间饰飞鸟、奔狐、折枝花草纹、蜂蝶、卷云。圈足大叶云曲纹之间饰云曲纹。	②线图113
8世纪前半叶	15		耶鲁莲瓣纹折腹银高足杯，高5.1厘米，径7厘米。	哈伯特和爱德华斯迈伍穆尔征集，美国耶鲁美术学院陈列室。	折棱与桃形莲瓣之间饰折枝花草纹。	②线图52
	16		凯波莲瓣纹折腹银高足杯，高5.4厘米，重53克。	卡尔·凯波藏。	杯沿与莲瓣间及折棱与桃瓣间饰折枝花草纹。	②线图53

(续表)

时间	序号	器物图	名称与尺度	出土与收藏	角隅纹样分布	出处
8世纪前半叶	17		凯波立鸟纹折腹银高足杯，高6.2厘米，径8.1厘米，重80克。	卡尔·凯波藏。	杯沿与莲瓣间以及折棱与桃形花结间饰忍冬纹。桃形花结与杯腹底间饰桃形花结。圈足沿与桃形花结间饰桃形花结。	②线图66
	18		圣·路易斯莲瓣纹折腹银高足杯，高5.4厘米，径7厘米。	圣·路易斯美术博物馆。	折棱与桃形莲瓣间饰折枝花草纹（并不清晰，欠考证）。	②线图54
	19		白鹤联珠纹折腹银高足杯1，高5.4厘米，径7.1厘米。	日本白鹤美术馆。	杯沿与莲瓣间及折棱与桃形瓣间饰折枝花草纹和卷云。	②线图55
	20		白鹤联珠纹折腹银高足杯2，高5.4厘米，口径8.7厘米。	日本白鹤美术馆。	杯沿与莲瓣间及折棱与桃形瓣间饰折枝花草纹。	②线图51

(续表)

时间	序号	器物图	名称与尺度	出土与收藏	角隅纹样分布	出处
8世纪前半叶	21		韩森寨莲瓣纹折腹银高足杯，高5.1厘米，口径7.5厘米，足径4厘米。	1982年陕西西安韩森寨纬十街出土，陕西省博物馆。	杯沿与莲瓣间及折棱与桃瓣间饰单瓣团花纹，下层莲瓣与杯腹底间饰云曲纹。	⑧图47
	22		鎏金蔓草花鸟纹高足银杯，高6.1厘米，口径7.6厘米，足径4.1厘米。	1982年西安东郊纬十街电车二场工地出土，陕西省博物馆。	杯沿与莲瓣及折棱与桃瓣间饰单瓣团花纹，下层莲瓣与杯腹底间饰云曲纹。	⑤P44
	23		沙坡村莲瓣纹折腹银高足杯，高5厘米，口径7.2厘米，底径3.8厘米。	1963年西安市沙坡村出土，中国历史博物馆。	杯沿与莲瓣间及折棱与桃瓣间饰单瓣团花纹，下层莲瓣与杯腹底间饰云曲纹。	①图8
	24		沙坡村莲瓣纹弧腹银高足杯，高5厘米，口径7.2厘米，底径3.8厘米。	1963年西安市沙坡村出土，中国历史博物馆。	杯上沿与莲瓣间饰折枝花草纹、卷云纹、蝴蝶纹，下层莲瓣与杯腹底间錾刻花尖纹。	①图18

（续表）

时间	序号	器物图	名称与尺度	出土与收藏	角隅纹样分布	出处
8世纪前半叶	25		沙坡村狩猎纹筒腹银高足杯，高7.4厘米，口径6.3厘米，底径3.1厘米。	1963年西安市沙坡村出土，北京故宫博物院。	杯身狩猎主题纹饰间饰乔木花树和折枝花草纹。	①图16
	26		弗利尔狩猎纹筒腹银高足杯，高7.8厘米，径6.9厘米。	美国弗利尔美术馆。	杯沿下与莲瓣间均饰竖式莲花一株。	②线图39
	27		凯波狩猎纹筒腹银高足杯，高5厘米，径4.1厘米。	卡尔·凯波收藏。	主题纹样之间饰山石、动物、折枝花草纹和卷云纹，形成组合角隅纹样。	②线图41
	28		何家村狩猎纹筒腹银高足杯，高7厘米，径5.9厘米，足径3.4厘米。	1970年陕西西安南郊何家村窖藏，陕西省博物馆。	主题纹样之间饰山石、动物、折枝花草纹和卷云纹，形成组合角隅纹样。	②线图38

(续表)

时间	序号	器物图	名称与尺度	出土与收藏	角隅纹样分布	出处
8世纪前半叶	29		何家村仕女纹银带把杯，高5.4厘米，口径9.2厘米，足径4.2厘米，圈足高1.3厘米，重209克。	1970年陕西西安南郊何家村窖藏，陕西省博物馆。	下腹的八瓣仰莲与圈足间饰荷花纹。三角指垫中凸起的圆片周围饰折枝花草纹。杯沿与杯腹以及杯壁与八瓣仰莲之间饰折枝花草纹、山石或飞鹿。	④P73
	30		何家村团花纹金带把杯，高6厘米，口径6.9厘米，足外径3.6厘米，重230克。	1970年陕西西安南郊何家村窖藏，陕西省博物馆。	杯壁上下与主题团花纹间饰如意卷云纹。	④P65
	31		何家村双鸿纹圆形银盒，高3.1厘米，口径8厘米。	1970年陕西西安南郊何家村窖藏，陕西省博物馆。	上盒沿与两鸿雁间饰荷叶花枝和绶带方胜构成的角隅纹。	④P182
	32		何家村双鸳纹圆形银盒，高7厘米，口径16厘米。	1970年陕西西安南郊何家村窖藏，陕西省博物馆。	盒沿与两鸳纹间饰荷叶花枝和绶带方胜构成的角隅纹样。莲座与下盒沿之间饰两出荷叶的莲花枝纹。	②线图208

(续表)

时间	序号	器物图	名称与尺度	出土与收藏	角隅纹样分布	出处
8世纪前半叶	33		白鹤鸳鸯纹圆形银盒，直径3.5厘米。	日本白鹤美术馆。	盒沿与桃形忍冬花结间饰花尖纹。双鸳口衔的折枝纹装饰其间的角隅，脚下卷云纹成为装饰主题的角隅纹样。	②线图215
	34		凯波双鸳纹圆形银盒，直径4.4厘米，重37克。	卡尔·凯波收藏。	盒盖和盒底面的莲瓣与盒沿角隅间饰折枝花草纹。	②线图216
	35		鎏金仙鹤翼鹿纹银盒，高2厘米，直径4.8厘米，重56克。	1970年陕西西安南郊何家村窖藏，陕西省博物馆。	荷叶石榴花结与盒沿间饰桃形忍冬花结。	⑤P101
	36		鎏金鸳鸯纹银盒，高1.9厘米，直径4.2厘米，重35.9克。	1970年陕西西安南郊何家村窖藏，陕西省博物馆。	盒盖和盒底的桃形忍冬花结与盒沿间饰莲瓣纹。	④P195

(续表)

时间	序号	器物图	名称与尺度	出土与收藏	角隅纹样分布	出处
8世纪前半叶	37		何家村独角兽纹圆形银盒，高2.5厘米，直径5.8厘米，重108克。	1970年陕西西安南郊何家村窖藏，陕西省博物馆。	盒盖沿与忍冬花结间饰荷叶纹，盒侧面上下合菱形忍冬花结间饰半个桃形忍冬花结。	①图73
	38		何家村凤鸟纹圆形银盒，高2.4厘米，直径5.6厘米，重62克。	1970年陕西西安南郊何家村窖藏，陕西省博物馆。	盖面八朵石榴花结与盒沿间饰莲瓣纹，盒底八朵桃形忍冬花结与盒沿间饰莲瓣纹。	④P133
	39		何家村飞狮纹圆形银盒，高5.6厘米，口径12.9厘米，重425克。	1970年陕西西安南郊何家村窖藏，陕西省博物馆。	盒底宝相花纹间饰忍冬花结枝。	④P121
	40		何家村石榴纹圆形银盒，高6.6厘米，口径12.8厘米，壁厚0.12厘米，重414克。	1970年陕西西安南郊何家村窖藏，陕西省博物馆。	盒盖沿与八朵石榴花结间饰忍冬花结枝、飞鸟、卷云和蜂蝶。盒底沿与八朵石榴花结间饰忍冬花结枝。盒侧面上下沿与石榴花结间各饰忍冬花结枝。	④P191

（续表）

时间	序号	器物图	名称与尺度	出土与收藏	角隅纹样分布	出处
8世纪前半叶	41		日本仙鹤纹圆形银盒，高3厘米，径5.6厘米。		盒盖忍冬卷草纹与盒沿之间饰莲花蕾纹。	②线图242
	42		白鹤宝相花纹花瓣形银盒1，高2.9厘米，直径7厘米。	日本白鹤美术馆。	口衔花草的鸳鸯纹和石榴形花结间隔分布于盒沿与桃形花结之间。	②线图213
	43		白鹤宝相花纹花瓣形银盒2，直径3.1厘米。	日本白鹤美术馆。	盒沿与莲瓣纹间饰桃形忍冬花结。	②线图214
	44		白鹤宝相花纹蛤形银盒，高1.8厘米，径4.6厘米。	日本白鹤美术馆。	盒盖和底的团花间饰忍冬花结枝。蛤形一角饰鱼鳞纹。	②线图262

(续表)

时间	序号	器物图	名称与尺度	出土与收藏	角隅纹样分布	出处
8世纪前半叶	45		大阪忍冬纹蛤形银盒，高3.5厘米，宽6.3厘米。		蛤形一角饰鱼鳞纹，与其外錾若根直线条，两者结合形成类似于背面荷叶的效果。	②线图265
	46		石榴花结银方盒，长6.5厘米。		盒面四角各饰一石榴花结。	②线图244
	47		何家村方形银盒，通高10厘米，边长12厘米，盖高3.1厘米，顶边长10.3厘米，重1500克。	1970年陕西西安南郊何家村窖藏，陕西省博物馆。	顶面的四角以三出云勾瓣宝相花纹、卷云和飞鸟组合填充；正面中心孔雀纹饰下方左右两角饰山峰，其上右上角饰卷云和折枝花草纹。背面纹饰下部左右两角以盆景式纹饰（山石和折枝花草纹）填充。左侧面下方左右两角饰折枝花草纹和卷云纹，左上角饰一单株折枝。右侧面右下角饰一单株折枝。	②线图256

22

(续表)

时间	序号	器物图	名称与尺度	出土与收藏	角隅纹样分布	出处
8世纪前半叶	48		沙坡村折腹银碗,高8.1厘米,口径18厘米。	1963年西安市沙坡村出土。	碗腹下部九个莲瓣间饰如意卷云纹。	①图14
	49		何家村云瓣纹圜底银碗,高3.5厘米,口径12.4厘米。	1970年陕西西安南郊何家村窖藏,陕西省博物馆。	碗底中心双狮口衔一折枝花草纹与脚踩一折枝花草纹,形成上下两个角隅纹样。	④P120
	50		何家村龙凤纹弧腹银碗,高4.2厘米,口径12.6~12.9厘米,足径7厘米,重158克。	1970年陕西西安南郊何家村窖藏,陕西省博物馆。	碗外壁背分式缠枝卷草纹分别与碗沿和碗底边间饰单枝牡丹纹。	①图44
	51		何家村折枝纹圜底银碗,高3.1厘米,口径0.21厘米,重136克。	1970年陕西西安南郊何家村窖藏,陕西省博物馆。	碗心的宝相花与内壁的四株阔叶折枝纹之间饰卷云纹。另外又与碗沿间饰卷云纹。	④P259

（续表）

时间	序号	器物图	名称与尺度	出土与收藏	角隅纹样分布	出处
8世纪前半叶	52		凯波莲花纹罐形银壶，高6.5厘米，重136克。	卡尔·凯波藏。	壶腹以柿状忍冬纹围绕四朵莲花，装饰着主题纹样，其间饰花尖纹。	②线图270
	53		莲瓣纹三足银壶。	1989年西安东郊国棉五厂65号墓出土，陕西省考古研究所。	壶盖由十二个莲瓣组成，与盖沿间饰桃形忍冬花结。	②图版47
	54		折枝纹三足银壶。	1989年西安东郊国棉五厂65号墓出土，陕西省考古研究所。	壶盖四个桃形忍冬花结与盖沿间饰折枝花草纹。	②图版46
	55		何家村鹦鹉纹提梁银壶，通高24.1厘米，口径12厘米，底径14.4厘米，重1879克。	1970年陕西西安南郊何家村窖藏，陕西省博物馆。	团式主题纹样间饰单株折枝花草纹，圈足部分以半花纹为角隅纹样。	④P274

24

(续表)

时间	序号	器物图	名称与尺度	出土与收藏	角隅纹样分布	出处
8世纪前半叶	56		何家村金梳背，高1.5厘米，长7.9厘米，宽0.34厘米。	1970年陕西西安南郊何家村窖藏，陕西省博物馆。	梳背顶端连弧形边饰间饰水滴形纹样。	④P199
8世纪前半叶	57		三兆村银香囊，高6厘米，直径5.4厘米。	西安郊区三兆村唐墓出土，西安市文管会。	桃形忍冬花结与上下球开合边沿之间的角隅以莲瓣纹装饰。	②线图290
8世纪中叶	58		何家村银耳杯，高3.2厘米，长10.6厘米，口径10.6～7.7厘米，杯壁厚0.2厘米，重148克。	1970年陕西西安南郊何家村窖藏，陕西省博物馆。	碗心的宝相花与内壁的四株阔叶折枝纹间饰卷云纹。另外又与碗沿间饰卷云纹。双耳面左右两角分别饰四分之一的团花。	④P255
8世纪中叶	59		瑞典鸾鸟纹蛤形银盒，宽6.3厘米。	瑞典国王古斯塔夫六世阿·道尔夫珍藏。	下部两侧填以相对飞翔的雀鸟，底衬以缠枝萱草，共同装饰角隅区域。	②线图259

(续表)

时间	序号	器物图	名称与尺度	出土与收藏	角隅纹样分布	出处
8世纪后半叶	60		西安摩羯纹金长杯，高3.5厘米，口长13.1厘米，宽7.5厘米，重174克。	1970年陕西省西安市太乙路出土，陕西省博物馆。	四个装饰区中两侧角各有折枝串花纹一株，装饰中心的团式折枝花纹。	②线图85
	61		异兽纹银盒，高1.1厘米，径2.9厘米。	丹麦哥本哈根展览会。	盒底心簇花一株，外绕大小各两株的背分式折枝花草纹。	②线图220
	62		哈·克·李鹦鹉纹蛤形银盒，直径8.9厘米。	哈·克·李藏。	三角形蛤形一角饰折枝花草纹，并有小鹊两只飞翔其中。	②线图260
	63		"郑洵"鸳鸯纹蛤形银盒。	河南偃师郑洵墓藏于唐大历十三年(778)，中国社会科学院考古研究所。	蛤形一角以鱼鳞纹作为角隅装饰	③P95

(续表)

时间	序号	器物图	名称与尺度	出土与收藏	角隅纹样分布	出处
8世纪后半叶	64		喀喇沁狮纹葵花形银盘，高2.4厘米，口径46.6厘米。	1976年内蒙古自治区昭乌达盟喀喇沁旗哈达门沟出土，辽宁省博物馆。	盘心沿与团式折枝纹间各饰扁团花纹。	①图150
	65		"裴肃"葵花形银盘，直径55厘米。	1962年3月西安北郊坑底寨出土，陕西省博物馆。	盘心作六曲，同心结纹装饰于团式折枝纹之间。	①图154
	66		喀喇沁鹿纹银瓶。	1976年内蒙古自治区昭乌达盟喀喇沁旗哈达门沟出土，辽宁省博物馆。	瓶身圆形徽章式纹样外四角分饰折枝花草纹。	③P107
	67		丁卯桥鹦鹉纹圆形银盒，腹径11厘米，足径9.2厘米，高8.5厘米，重234克。	1982年江苏省丹徒丁卯桥出土，镇江市博物馆。	盒侧面上下开合的组合形成菱形纹以及上下相对的三角纹饰，这样布局的三角纹饰就形成了装饰菱形纹为主题的角隅纹样。	①图216

27

(续表)

时间	序号	器物图	名称与尺度	出土与收藏	角隅纹样分布	出处
8世纪后半叶	68		丁卯桥四鱼纹菱形银盒，高5厘米，长径9厘米。	1982年江苏省丹徒丁卯桥出土，镇江市博物馆。	盒侧面上部开合依盒的菱形结构把菱形纹和两个相对的三角形纹形成的装饰带，分割成以菱形纹为主题的四个三角形分布四角的装饰单元。	①图219
	69		丁卯桥蝴蝶形银盒，高5厘米，长径9厘米。	1982年江苏省丹徒丁卯桥出土，镇江市博物馆。	盒侧面上下开合依盒的蝴蝶形结构，分割成以菱形纹为主题的四个三角形分布四角的装饰单元。	①图221
	70		西安鹦鹉纹海棠形银盒，高3.4厘米，径6.4厘米。	西安交通大学出土，西安市文管会。	盒侧面上下开合依海棠形结构分成四个装饰区段，单看上下合，每个区段以一半式海棠纹和两角分布的四分之一海棠纹装饰，上下合的组合，区段内形成以一菱形海棠纹和四分之一海棠纹装饰。	①图250

28

（续表）

时间	序号	器物图	名称与尺度	出土与收藏	角隅纹样分布	出处
8世纪后半叶	71		蓝田鹦鹉纹云头形银盒，高2厘米。	蓝田杨家沟出土，蓝田县文管会。	盒侧面上下开合依云头形分成五个装饰区段，单看上下合，每个区段饰个半花纹和两角分布的二分之一半花纹。上下合某些区段内形成以一个菱形小花纹和四角分布的二分之一半花纹装饰。	①图191
8世纪后半叶	72		凯波荷叶形银盒，高1.5厘米，长8.1厘米，重62克。	卡尔·凯波收藏。	上下开合在盒侧面形成菱形小花纹以及上下相对的半花纹，这样布局的半花纹就形成了装饰小花纹为主题的角隅纹样。	②线图251
8世纪后半叶	73		克利夫葡萄纹圆形银盘，直径30.6厘米。	美国克利夫兰美术博物馆。	盘边中背分式忍冬纹间饰花尖纹，盘心花尖纹与两相对卷忍冬叶组合装饰桃形忍冬花结之间的角隅，盘心边与背分式忍冬卷草纹间以花尖纹与两相对的葡萄纹组合装饰。	②线图171

(续表)

时间	序号	器物图	名称与尺度	出土与收藏	角隅纹样分布	出处
9世纪	74		丁卯桥童子纹三足银壶，高7厘米，口径3.8厘米。	1982年江苏省丹徒丁卯桥出土，镇江市博物馆。	壶腹葫芦形开光与颈部装饰带间饰忍冬纹。	②线图274
	75		背阴村人物纹三足银壶，高5.8厘米，口径3.2厘米，腹围20厘米。	1958年春陕西省耀县柳林背阴村出土，陕西省博物馆。	腹部分为三曲，每曲上部为春秋人物图画，四角饰卷云纹。下部莲瓣纹之间饰簇花纹。	①图177
	76		水邱氏人物纹四足银壶，高14.2厘米，口径6.9～8.2厘米。	1980年浙江省临安县水邱氏墓出土，临安文管会。	壶腹柿状区间之外与壶侧通足之间上部两角隅饰缠枝纹，下部两角隅各饰飞鸟一只。壶下腹呈装饰带状，錾两层莲瓣，上层莲瓣与装饰带边缘间饰莲叶纹。	②线图275
	77		咸阳缠枝纹金注壶，通高21.3厘米，口径6.6厘米，圈足径6.6厘米。	1969年咸阳市西北医疗器械厂基建工地出土，咸阳市博物馆。	壶体呈五条装饰带布局，壶下腹三层莲瓣纹之最上层的莲瓣与装饰带边缘的角隅内饰莲叶纹。	①图261

（续表）

时间	序号	器物图	名称与尺度	出土与收藏	角隅纹样分布	出处
9世纪前半叶	78		"宣徽酒坊"莲瓣纹弧腹银碗，高5.2厘米，口径14.6厘米。	1958年春陕西省耀县柳林背阴村出土，陕西省博物馆。	碗腹装饰三层莲瓣纹，其与碗沿间一层带有一条联珠纹的莲瓣，其上深刻莲筋，即背面莲叶纹。	①图169
	79		鎏金鹦鹉纹云头形银粉盒，高3厘米，长10.6厘米。	西安文管会。	盒盖角隅饰缠枝花纹；盒侧面依云头形结构，每个弯曲都形成以小花纹为中心的装饰区，而半花纹被装饰区分割使用，成为装饰小花纹的角隅纹样。	⑤P107线图笔者自描
	80		长干寺双头迦陵频伽飞天纹银椁，盖长11.5厘米，底长9.6厘米，头高4.9厘米，尾高3.9厘米。	江苏省镇江市甘露寺塔基出土，镇江市博物馆。	棺盖两体飞天中，位于前的持托盘飞天身下与棺沿之间饰卷云纹。棺两侧双头迦陵频伽鸟身下和棺下沿间饰缠枝忍冬纹。棺后面上两侧角隅饰卷云纹。	①图160
	81		长干寺迦陵频伽云鹤纹金棺，盖长6.4厘米，底长5.1厘米，头高2.8厘米，尾高2.1厘米，重155克。	江苏省镇江市甘露寺塔基出土，镇江市博物馆。	棺盖飞鹤纹与棺沿之间饰卷云纹，棺两侧迦陵频伽鸟左下和右上角饰卷云纹。	①图164

(续表)

时间	序号	器物图	名称与尺寸	出土与收藏	角隅纹样分布	出处
9世纪前半叶	82		禅众寺迦陵频伽四鹤纹金棺，高6.5厘米，长7.5厘米，宽3~3.5厘米。	江苏省镇江市甘露寺塔基出土，镇江市博物馆。	棺盖左下角仙鹤与卷云装饰，其他角隅饰卷云纹。左右棺侧的两体迦陵频伽鸟与棺沿间饰折枝纹。	①图158
	83		禅众寺迦陵频伽云鹤纹银椁通，高12.4厘米，底长9.7厘米，底宽8厘米，重487克。	江苏省镇江市甘露寺塔基出土，镇江市博物馆。	棺盖仙鹤纹与棺沿间饰如意卷云纹，左右棺侧迦陵频伽鸟周围饰阔叶折枝纹。	①图162
9世纪中叶及后半叶	84		芝加哥荷叶纹多曲银碗。	美芝加哥史蒂芬·杰克征集。	碗腹呈四瓣，瓣缝以两组阔叶与两个花头组成下垂纹饰装饰主题纹样。	②线图141
	85		凤鸟纹水滴，通高7.2厘米。	日本东京国立博物馆。	壶腹三个装饰面中，椭圆形装饰区与面的分界线之间上下各饰一枝阔叶折枝纹。	②线图272

32

(续表)

时间	序号	器物图	名称与尺度	出土与收藏	角隅纹样分布	出处
9世纪后半叶	86		圣地亚哥蝴蝶纹圆形银盘，径30.6厘米。	科拉蒂姆克·伯内特夫人赠品，美国赛底哥美术博物馆。	盘心内圆环之外在八片荷叶和莲蕾组合纹样间角隅分饰荷叶纹。	②线图172
	87		枣园村双凤纹葵花形银盘，高3.2厘米，口径22.2厘米。	1977年西安市新筑枣园村出土，西安文管会。	盘边团式折枝纹间饰十字折枝纹。	②线图168
	88		凯波团花纹阅底银碗，高8厘米，径24.5厘米，重800克。	卡尔·凯波收藏，哈克科美术博物馆。	碗内底心在四出团花与丁字形折枝花纹间饰十字形折枝纹。	②线图146
	89		法门寺珍珠宝钿方形金盒，高11.3厘米，函体边长10.5厘米，底边长11.3厘米。	1987年陕西扶风法门寺地宫出土，法门寺博物馆。	顶面斜刹四角各饰红、绿宝石镶嵌成的单花纹饰。	⑥图13线图笔者自描

33

(续表)

时间	序号	器物图	名称与尺度	出土与收藏	角隅纹样分布	出处
9世纪后半叶	90		法门寺鎏金如来盝顶银盒（宝函），高16.2厘米，边长14.5厘米。	1987年陕西扶风法门寺地宫出土，法门寺博物馆。	盒盖四隅以莲茎上置三钴金刚杵以及背分式缠枝纹共同装饰角隅，斜刹面装饰带的双飞天与外沿间饰西番莲花纹。	⑨P546
	91		法门寺鎏金四天王盝顶银盒（宝函），高23.5厘米，边长20厘米。	1987年陕西扶风法门寺地宫出土，法门寺博物馆。	盒盖双行龙纹与盖沿间饰如意卷云纹，盒外沿装饰带余白饰西番莲花纹。	⑥P147～149
	92		法门寺六臂观音纹方形金盒（宝函），高13.5厘米，边长13厘米。	1987年陕西扶风法门寺地宫出土，法门寺博物馆。	盒盖正中錾相向翱翔之双凤，余白饰西番莲纹。斜刹面以卷云纹装饰角隅。正面左右上角隅饰西番莲纹，右下角饰荷叶。背面左右上角饰西番莲，下方两角以卷云纹装饰角隅。	⑥P142～143

(续表)

时间	序号	器物图	名称与尺度	出土与收藏	角隅纹样分布	出处
9世纪后半叶	93		法门寺金刚界大曼荼罗成身会造像纹方形银盒（宝函），高16.6厘米。	1987年陕西扶风法门寺地宫出土，法门寺博物馆。	盝顶四角隅为嬉、曼、歌、舞内四供（菩萨），与其身旁的西番莲纹共同装饰角隅。方坛外每边佛像间饰西番莲纹。宝函四个侧面的曼荼罗中主尊与上方左右菩萨间饰西番莲纹，还有右侧面、左侧面的曼荼罗的上方左右金刚菩萨与边角间饰西番莲纹。	⑥P144～146
	94		法门寺鎏金双凤衔绶纹圈足银方盒，高9.5厘米，边长21.5厘米，足高1.7厘米，重1585克。	1987年陕西扶风法门寺地宫，法门寺博物馆。	盒盖四角隅饰十字绶带纹。	⑥图48线图笔者自描
	95		法门寺双狮纹花瓣形银盒，高12厘米，口径17.3厘米×16.8厘米，足高2.4厘米，重799克。	1987年陕西扶风法门寺地宫出土，法门寺博物馆。	内外菱弧形成的角隅区域饰背分式西番莲纹样，内菱弧形之内四角隅分别饰一西番莲纹。	⑥图45

(续表)

时间	序号	器物图	名称与尺度	出土与收藏	角隅纹样分布	出处
9世纪后半叶	96		"田嗣莒"双凤纹花瓣形银盒，口径15厘米，高3.5厘米，重500克。	蓝田杨家沟出土，蓝田县文管会。	盒盖边每瓣装饰区的角隅饰忍冬纹。	①图189
	97		丁卯桥凤纹花瓣形银盒，高26厘米，腹径31厘米。	1982年江苏省丹徒县丁卯桥出土，镇江市博物馆。	花瓣形盒的花尖三角区域饰折枝花纹。	②线图223
	98		法门寺莲瓣多曲银碗，高8厘米，口径16厘米，足径11.2厘米，重2230克。	1987年陕西扶风法门寺地宫出土，法门寺博物馆。	碗边沿与腹部莲瓣间饰联珠莲叶纹。	⑥图75线图笔者自描
	99		法门寺浙西银盆，高14.5厘米，口径46厘米。	1987年陕西扶风法门寺地宫出土，法门寺博物馆。	盆壁自盆口凹曲处至盆底竖列凸棱，将盆壁分作四装饰区，每瓣内錾两朵横列的阔叶石榴团花，团花之外角隅饰卷云纹和三角阔叶纹。	⑥图76线图笔者自描

36

(续表)

时间	序号	器物图	名称与尺度	出土与收藏	角隅纹样分布	出处
9世纪后半叶	100		繁峙折枝纹提梁银壶,通高24厘米,口径14厘米,底径12厘米。	1990年5月山西省繁峙县金山铺乡上浪涧村出土。	壶腹部饰有四组折枝纹,余白填以单株折枝团花(纹饰有破损)。	⑦P59
	101		西安折枝纹银唾壶,高9.8厘米,盘径14.6厘米。	1977年西安市新筑枣园村出土,西安文管会。	盘面四株扁团花之间上下分饰折枝花和折枝萱草纹。壶外壁依曲棱在曲棱的上下方分饰折枝花和折枝萱草纹。	①图256
	102		法门寺银阏伽瓶,高19.8厘米,盘口径7.5厘米,腹径13厘米,重695克。	1987年陕西扶风法门寺地宫出土,法门寺博物馆。	瓶腹莲瓣间以及莲瓣与足边沿间饰三钴杵纹。	⑥图25
	103		法门寺五足银炉,高15厘米,口径19.5厘米,重1305克。	1987年陕西扶风法门寺地宫出土,法门寺博物馆。	炉盖桃形忍冬花结间上下余白饰忍冬纹,炉腹以兽足为中心,其两边分饰卷云纹。	⑥图65

(续表)

时间	序号	器物图	名称与尺度	出土与收藏	角隅纹样分布	出处
9世纪后半叶	104		法门寺盆形银炉,高15厘米,口径19.5厘米,重1305克。	1987年陕西扶风法门寺地宫出土,法门寺博物馆。	依曲棱饰忍冬纹,底座上部莲瓣纹间饰莲叶纹。	⑥图63
	105		法门寺鎏金鸿雁流云纹银茶碾子,长27.5厘米,宽5.6厘米,高7.1厘米,重1168克。	1987年陕西扶风法门寺地宫出土,法门寺博物馆。	槽座侧面两壁镂空壶门的左右分饰天马和卷云纹。	③P120
	106		法门寺银茶罗子,长13.4厘米,宽8.4厘米,高9.5厘米,重1472克。	1987年陕西扶风法门寺地宫出土,法门寺博物馆。	左右侧面左右角主题纹样与边沿间饰如意卷云纹。	⑥图49
	107		法门寺银盐台,高27.9厘米,盘径7.8厘米,重564克。	1987年陕西扶风法门寺地宫出土,法门寺博物馆。	盐台盘边莲瓣间饰联珠莲叶纹。	⑥图55
	108		法门寺乐伎纹银香宝子,高24.5厘米,口径12.3厘米,重899克。	1987年陕西扶风法门寺地宫出土,法门寺博物馆。	器身下部莲瓣托的上层莲瓣与中部装饰带间饰錾有联珠和细线的莲叶纹。	③P122
	109		法门寺人物纹银香宝子,高24.7厘米,口径12.3厘米,重901.5克。	1987年陕西扶风法门寺地宫出土,法门寺博物馆。	器身下部莲瓣托的上层莲瓣与中部装饰带间饰錾有联珠和细线的莲叶纹。	⑥图68

(续表)

时间	序号	器物图	名称与尺度	出土与收藏	角隅纹样分布	出处
9世纪后半叶	110		法门寺宝珠顶单檐四门金塔，高7.1厘米，塔座边长4.8厘米。	1987年陕西扶风法门寺地宫出土，法门寺博物馆。	塔身四壁的火焰形门的上方左右两角隅饰卷云纹。	⑥图15线图笔者自描
	111		法门寺迦陵频伽纹银棺，棺盖长8.2厘米，前挡宽5.4厘米，后挡宽4.2厘米，高6.4厘米。	1987年陕西扶风法门寺地宫出土，法门寺博物馆。	上层台座莲瓣纹间饰联珠莲叶纹。	⑥图22线图笔者自描
	112		水邱氏银温器，高2.6厘米，径2.5厘米，底径2.6厘米。	1980年浙江省临安县水邱氏墓出土，临安文管会。	内盘莲尊和荷叶之间各饰游鱼一条，浮游在水波之中，鱼纹和水纹共同来装饰。	②线图301

注：
① 陆九皋、韩伟：《唐代金银器》，北京：文物出版社，1985。
② 韩伟：《海内外唐代金银器萃编》，西安：三秦出版社，1989。
③ 齐东方：《唐代金银器研究》，北京：中国社会科学出版社，1999。
④ 陕西历史博物馆、北京大学考古文博学院、北京大学震旦古代文明研究中心：《花舞大唐春——何家村遗宝精粹》，北京：文物出版社，2003。
⑤ 申秦雁：《金银器——陕西省历史博物馆珍藏》，北京：人民美术出版社，2003。
⑥ 韩伟：《中国考古文物之美——佛门秘宝大唐遗珍陕西扶风法门寺地宫》，北京：文物出版社，1994。
⑦ 李有成：《繁峙发现唐代窖藏银器》，《文物季刊》，1996（1）。
⑧ 史树青：《中国文物精华大辞典——金银玉器卷》，上海：上海辞书出版社，1996。
⑨ 韩金科：《法门寺文化史》，北京：五洲传播出版社，2002。

第 2 章
题材分类

作为中国工艺美术持续发展的一个阶段，唐代纹样题材同此前的商周、秦汉、魏晋南北朝，此后的两宋联系自然是广泛的。在其发展过程中，唐代起到承上启下的重要作用。商周、秦汉装饰纹样多为神仙动物、神兽人物；直到魏晋南北朝时期，随着佛教的传入，极具西方色彩的忍冬纹，以及象征佛陀化身又极具本土辟邪吉祥之意的莲花纹，成为新的装饰形式，不断出现在宗教艺术品和世俗工艺品中，植物纹样从此开始重要。入唐，尤其是盛唐，由于佛教的继续盛行，国力强盛，经济繁荣，人们的审美情趣已经从对神明的敬畏转移到对世俗的享受，各类植物纹样花卉题材越出越多，品类越来越繁，地位持续上升，终于成为装饰题材的主流。除魏晋以来的忍冬和莲花纹外，还出现了牡丹、茶花、芙蓉、茉莉、菊花、西番莲等大量花卉题材，与唐代的开放文化和赋闲生活关系密切。这些植物纹样发展至两宋，更加注重写实，形象刻画细腻精致，形成了质朴平易的装饰风格。另外，唐代动物纹样较之前代也有了显著的变化，不仅从造型上写实性加强，而且在题材上增加了许多新的品种，越来越向当时人们的生活靠拢，体现着社会审美风尚的变迁。

上述唐代装饰纹样题材的演变，在金银器装饰上均得以充分体现，在角隅纹样方面亦是如此，更因其随意、灵活、适合等特点，呈现出具体、多样的变化。本章将从组织形式和题材类型两方面对唐代金银器角隅纹样的题材进行分析。

2.1 组织形式

组织形式指纹样的构图方式，在唐代金银器角隅纹样的应用中可分为缠枝、折枝、花结、团花等纹样组织形式，种类繁多、面貌丰富。

2.1.1 缠枝

缠枝纹作为角隅纹样应用的唐代金银器器物有 8 个，具体为纳尔逊莲瓣纹弧腹银高足杯、纽约双莲瓣纹弧腹银高足杯、白鹤莲瓣纹弧腹银高足杯、大和文华飞鸟纹花瓣形银盒、何家村龙凤纹弧腹银碗、水邱氏人物纹四足银壶、鎏金鹦鹉纹云头形银粉盒、法门寺双狮纹花瓣形银盒（见表 2.1）。

缠枝纹一般以弯曲的主干配以茎、蔓、叶、花、实。主干随意变化，茎、蔓、叶、花、实不一定同时具备，极富变化[①]。弯曲的主干是纹样组织的基础，往往成为缠枝纹样的骨架，而茎、蔓、叶、花、实这些元素是为了装饰内容的要求进行筛选和布局。主干因其弯曲的特点，可以随装饰区域的变化而弯曲盘旋，例如，在碗或盒这两种形制上可以利用 S 形、旋涡形、波形等构图形式。初唐到盛唐时石榴、葡萄、牡丹穿插其中，

[①] 齐东方：《唐代金银器研究》，第 133 页，北京：中国社会科学出版社，1995。

完成圆环形装饰带的装饰，不再拘泥于直线式的二方连续，而是形成更为自由、流畅，形成花叶翻转仰合、动静背向的生动姿态，实现豪华富丽的装饰效果。其中S形构图形式易与圆环上下边之间形成角隅，在唐代早期满地装饰风格的影响下，工匠们往往会对这些角隅区域进行装饰，形成辅助缠枝纹主题的角隅纹样。例如，何家村龙凤纹弧腹银碗（见表2.1的图5），就以单枝牡丹花作为角隅纹样矗立在绵延的缠枝牡丹纹之间。又可像纳尔逊莲瓣纹弧腹银高足杯、纽约双莲瓣纹弧腹银高足杯、白鹤莲瓣纹弧腹银高足杯（见表2.1的图1、图2、图3）中的缠枝纹一样，在莲瓣纹划分的装饰区域内外都运用缠枝纹，既可以在莲瓣纹内由主干、茎和花组成缠枝花枝进行装饰，成为主题纹样；也可以三出茎、花的形式作为装饰角隅的辅助纹样——角隅纹样，实现其适合的特点。表2.1中图1－图5表现满地装饰纹样风格，图6－图8是流行分单元装饰特点的主要体现，纹样从细密到疏朗，纹样也主要由茎、蔓、叶、花、实的多内容逐渐简化，是唐代8世纪以前到9世纪之间装饰风格变迁的具体表现。

2.1.2 折枝

折枝纹犹如一枝折下的植物或单独生长的花草，形态大都比较写实。时代较早的，纤细繁缛；时代较晚的，肥阔疏朗。折枝纹形态多样，许多无内在联系，不宜笼统地归为一类，可根据各种折枝的特点分为折枝花草纹、折枝石榴纹、折枝串花纹、折枝十字纹、折枝叶纹。

由于这一纹样的组织特点，在两种状况下折枝纹可成为角隅纹样：第一，单株在角隅中装饰主题纹样；第二，与其他纹样组合，共同完成角隅的装饰，成为角隅纹样。除细小的角落可运用单株外，对一区域的装饰就需要与其他纹样相组合，所以折枝纹是一种纹样题材，也是一种组织形式。唐代早期的折枝纹主要与动物纹或卷云纹组合，表现自然的气息和赋闲的生活场景，也有单株装饰角隅的个例。随着装饰风格的变化，折枝纹越来越肥阔疏朗，并呈程式化发展趋势，单株装饰运用变得越来越多，其组织特点主要体现在枝与花、叶、果实的关系，因而才会有折枝花草纹、折枝石榴纹、折枝串花纹、折枝十字纹、折枝叶纹的分类。

折枝纹作为角隅纹样应用的唐代金银器器物有 27 件，其中折枝花草纹 21 件，折枝串花纹 4 件，折枝十字纹 2 件。

2.1.2.1 折枝花草纹

折枝花草纹在唐代金银器中的具体运用可分为四种形式，同样以由繁缛到疏朗、由纤细向肥阔为主要发展方向。

Ⅰ式纹样纤细、花较小，较写实、呆板，大多应用于 8 世纪初及以前[①]，应用为角隅纹样的器物有 15 个，具体为白鹤莲瓣弧腹银碗、弗利尔莲瓣纹弧腹银碗、纽约莲瓣纹弧腹银碗、俞博莲瓣纹弧腹银碗、耶鲁莲瓣纹折腹银高足杯、凯波莲瓣纹

---

① 齐东方：《唐代金银器研究》，第 147 页，北京：中国社会科学出版社，1995。

折腹银高足杯、圣·路易斯莲瓣纹折腹银高足杯、白鹤联珠纹折腹银高足杯（2件）、沙坡村莲瓣纹弧腹银高足杯、凯波狩猎纹筒腹银高足杯、何家村狩猎纹筒腹银高足杯、何家村仕女纹银带把杯、凯波双鸳纹圆形银盒、何家村乐伎纹银带把杯（见表2.2）。基于纹样纤细，应用组合的方式比较多，它们或者与动物纹，或者与卷云纹，或者与山石纹，或者与卷云和动物纹，或者与昆虫纹进行组合（表2.2的图1、图2、图3、图4、图10、图11、图12、图13、图14）。其中与之组合的动物纹有鹿、兔、羊等很多种类，增加了蓬勃生气和生命活力；与卷云的组合增加了飞舞之感。这些组合虽然分散构图，但也有组织规律可循，大多以组合中较大的纹样为主，当折枝花草纹与动物纹组合时，就以动物纹为主，折枝花草纹围绕在其周围；当折枝花草纹与蜂蝶或卷云纹组合在一起时，折枝花草纹占据中心位置，蜂蝶和卷云纹飞舞于周围，是对生活的真实写照。与主题纹样的关系是疏朗与繁密华丽、动和静的鲜明对比，充分体现了角隅纹样的灵动性。还有单株折枝花草纹与左右对称叶瓣组合的形式，如白鹤联珠纹折腹银高足杯1和何家村乐伎纹银带把杯（见表2.2的图8、图15），既充分体现折枝花草纹纤小特点，又可利用叶瓣完整角隅的装饰，此时折枝纹也成了角隅内的主题纹样，实现了与角隅之外的主题纹样构图上的统一和呼应。另外也有单株折枝花草纹充当角隅纹样的情况，如耶鲁莲瓣纹折腹银高足杯、凯波莲瓣纹折腹银高足杯、圣·路易斯莲瓣纹折腹银高足杯、白鹤联珠纹折腹银高足杯2、何家村仕女纹银带把杯、何家村乐伎纹银带把杯（见表2.2的图5、图6、图7、图9、图13、图15），其中耶鲁莲瓣纹折腹银高足杯、圣·路易斯莲瓣纹折腹银高足杯和白鹤联珠纹折腹银高足杯2（见表2.2的图5、图7、图9）由于角隅区域比较狭小，折枝花草纹利用其纤小的特点，装饰其中。而凯波莲瓣纹折腹银高足杯（见表2.2的图6）则主要是因为与主题纹样呼应的关系如此应用。何家村乐伎纹银带把杯（见表2.2的图15）的单株折枝主要起到完整装饰面的作用，并与主题纹样周围的折枝及飞鸟或蝴蝶共同营造赋闲、优美的场景。而何家村仕女纹银带把杯（见表2.2的图13）的折枝花草纹两种组织方式都有运用，处于指垫錾刻浮雕的底部，面积狭小，以单株完成角隅装饰；处于单元装饰区的角隅的位置，起到为主题人物营造生活场景的作用。

Ⅱ式折枝花草纹充当角隅纹样应用的器物较少，只有何家村方形银盒（侧面）、异兽纹银盒（背分式折枝花）、何家村莲瓣纹弧腹金碗三个器物（见表2.3），这一形式的特点是纹样比较粗壮、肥厚[①]。由于这一式折枝纹像异兽纹银盒（见表2.3的图2）一样，其背分式折枝花草纹已经向阔叶方向发展，枝叶硕大，可单株充当角隅纹样；同时也可像何家村莲瓣纹弧腹金碗的折枝花草纹（见表2.3的图3）一样，小到独自占有一个小的角落，与飞鸟纹、卷云纹一起成为角隅纹样；也可以延续Ⅰ式的纹样的组织形式，像何家村方形银盒（见表2.3的图1）一样，其折枝花草纹或与山石形成盆景式纹样，或与卷云纹组

[①] 齐东方：《唐代金银器研究》，第147页，北京：中国社会科学出版社，1995。

合、与飞鸟组合，充当角隅纹样。这时的纹样已经比较粗壮，已不采用Ⅰ式以多株与其他纹样的结合方式，而是单株与其他纹样的组合，构图较Ⅰ式舒展，增加了平面的装饰性效果。

Ⅲ式的折枝花草纹较Ⅱ式有所增加，应用的器物有6个，包括何家村鹦鹉纹提梁银壶、哈·克·李鹦鹉纹蛤形银盒、喀喇沁鹿纹银瓶、凤鸟纹水滴、繁峙折枝纹提梁银壶、西安折枝纹银唾壶（见表2.4），其特点是大花阔叶、肥厚繁茂，较呆板拘谨[①]。由于花叶肥大，哈·克·李鹦鹉纹蛤形银盒（见表2.4的图2）的蛤形盒的一角以一枝折枝花草纹进行装饰，纹样构成不再繁密，而是形成一种疏松、伸展的视觉感受，其肥厚繁茂是强大生命力和磅礴气势的充分体现。在纹样布局方面，这一时期的纹样多分单元布局，周边留出较多的空白，如喀喇沁鹿纹银瓶、凤鸟纹水滴、繁峙折枝纹提梁银壶、西安折枝纹银唾壶（见表2.4的图3、图4、图5、图6）都是把主题纹样置于器物装饰单元的中心位置，而单枝的折枝花草纹或叶和花几乎成为一体的折枝花草纹放置在四个角落，形成包围之势，与主题纹样遥相呼应，起到更加突出主题纹样的作用。题材方面有的采用折枝花草纹与民间喜闻乐见的题材如凤鸟、鹦鹉相结合，使生活气息更加浓郁，表现了世俗化倾向。其中哈·克·李鹦鹉纹蛤形银盒的主题纹样为鹦鹉，凤鸟纹水滴的主题纹样为凤鸟。还有喀喇沁鹿纹银瓶的主题纹样是区别于西方风格的肉芝顶鹿，也是唐代金银器广泛流行的题材，其外的联珠纹与鹿纹

[①] 齐东方：《唐代金银器研究》，第148页，北京：中国社会科学出版社，1995。

一起形成具有萨珊风格的徽章式纹样，与织锦中的应用十分接近，饰联珠圈的联珠数量减少，个体变大，圈内有鸟、狮、马、孔雀、鹿等[1]，给人以充实、圆满、吉庆的整体美感。另外繁峙折枝纹提梁银壶、西安折枝纹银唾壶（见表2.4的图5、图6）的主题纹样为团式折枝花草纹，角隅纹样也选用折枝花草纹，题材上的呼应不仅使整个器物的整体性更强，而且体现了人们对悠闲富足的生活情趣的追求。

2.1.2.2 折枝串花纹

折枝串花纹的花叶呈串式排列，组织严密整体，易于形成一定的形状，既可放置于角隅处，成为较为典型的角隅纹样；也可分单元装饰，体现辅助纹样对主题纹样的装饰作用。唐代金银器中应用此纹样的器物有西安摩羯纹金长杯、芝加哥荷叶纹多曲银碗、丁卯桥凤纹花瓣形银盒、法门寺浙西银盆。这四个器物中有像西安摩羯纹金长杯、芝加哥荷叶纹多曲银碗、法门寺浙西银盆（见表2.5的图1、图2、图4）应用分单元装饰的"开光"手法，也有像丁卯桥凤纹花瓣形银盒（见表2.5的图3）中的满地装饰的手法，这一器物出土于丁卯桥，是南方通体装饰、鎏金的豪华作品[2]。在一定程度上反映了中晚唐时期满地装在北方地区衰落，而在南方仍然流行的装饰的地域性特点。而法门寺浙西银盆（见表2.5的图4）纹样精美，通体鎏金，是目前所知唐代最大的银器皿之一，即便是富贾巨商、高官显贵

---

[1] 齐东方：《隋唐考古》，第165页，北京：文物出版社，2002。
[2] 齐东方：《隋唐考古》，第193页，北京：文物出版社，2002。

也难得有如此华丽的器皿，虽在法门寺出土，但刻有"浙西"二字，是专门为供奉皇室而制作的[①]。其主题纹样是表示男女爱情的鸳鸯嬉戏纹样题材[②]，体现了南方极少受宗教影响、具有浓郁生活气息和世俗情趣的地域特点，是生活环境和文化传统影响的结果，同时也是社会经济结构变化影响下产生的作者为自身利益而迎合社会需求进行设计的结果。

2.1.2.3 十字折枝纹

十字折枝纹是以花、枝、叶构成十字形状的折枝纹，流行于9世纪中叶及后半叶[③]。十字折枝纹是折枝纹中造型比较固定的类型，十字形状比较稳定，有很强的方向感，较容易确立方位；其尖锐的角，可以见缝插针，突出纹样的适合性特点，十分适宜为角隅纹样。在唐代金银器里，这种十字折枝纹运用很多，在枣园村双凤纹葵花形银盘、凯波团花纹圜底银碗（见表2.6的图1、图2）两个器物中，这种纹样就充当了角隅纹样。枣园村双凤纹葵花形银盘（见表2.6的图1）中的十字折枝纹花、枝、叶紧密连接成一个完整的纹样，呈上宽下窄的三角形状，与散点分布的椭圆形折枝花草纹，既产生形状上强烈的对比，又在运动方向上与之阴阳相对，实现契合的装饰效果；还有题材上的统一，为飞舞双凤的主题纹样营造了一个花团锦簇的美好世界。凯波团花纹圜底银碗（见表2.6的图2）则利用了

[①] 齐东方：《隋唐考古》，第193页，北京：文物出版社，2002。
[②] 齐东方：《隋唐考古》，第195页，北京：文物出版社，2002。
[③] 齐东方：《隋唐考古》，第153页，北京：文物出版社，2002。

十字折枝纹见缝插针的特点，插入在丁字折枝花草纹与中心四出团花之间，把碗底心装饰得密不透风，与碗腹比较规则的凸瓣纹，各居各位，相得益彰，充分体现了唐代工匠们设计的独具匠心及高超技艺。

通过在唐代金银器上作为角隅纹的Ⅰ式、Ⅱ式、Ⅲ式三类折枝花草纹、折枝串枝纹和折枝十字纹在形制丰富器物上灵活多变的巧妙应用，可从题材、组织形式、形与饰的关系三个方面作出以下总结。

唐代金银器角隅纹样题材繁多，以植物纹为主，具有很强的适合性，符合当时人们的审美趣味，而作为典型的角隅纹样的折枝纹呈现出以折枝花草纹、折枝串枝和折枝十字为代表的程式化折枝纹形式的丰富变化。这些折枝纹的变化不仅符合唐代各时期纹样由具象到程式化、由装饰性到世俗化等发展趋势，而且是对角隅纹样适合能力的充分展现，还是工艺师高超技艺以及对生活的热爱程度的完美体现。对于现代设计来说，不仅为现代较为程式化的角隅纹样拓宽了题材，而且为我们现代植物类角隅纹样的应用提供了应用方式、技巧和方法，具有实际的意义。

折枝纹的组织形式由多与山石、卷云、动物等组合应用，向多种花叶式阔叶形式的单株折枝纹的变化，这种松散向紧密的变化，符合唐代纹饰8世纪到9世纪逐渐程式化的趋势，这种程式化一方面使器物纹饰更为清晰，另一方面也有利于工艺的制作，但这两种组织形式对现代设计来说却有着不同的意义，提供了两种设计经验，一种为松散分布且多纹样组合应用的角隅纹样，给予器物活力和情趣，一种是程式化的折枝串枝纹和十字纹的角隅纹样，应用变化方式多，有利于装饰空间的塑造和控制。我们可以根据不同器物和设计要求进行多方式的设计实践，可谓非常宝贵的设计方式和方法，对于现代设计和工艺美术来说都具有实际的意义。

应用的形制丰富多样，包括折腹高足杯、筒腹高足杯、带把杯、长杯、圜底碗、多曲碗、圆盒、蛤形盒、花瓣盒、壶、瓶、水滴、盆、盘等，在这些形制中有因外来文化影响形式的折棱、凸瓣结构形式的角隅纹样，还有别于其他器物如蛤形银盒、水滴、唾壶等特别形制上角隅纹样独有的应用特点，也有程式化、世俗化的文化影响下多曲、花瓣等不规则形制中角隅纹样的巧妙应用，不仅充分显示了高超的工艺水平，也充分表现了饰对形（型）的装饰作用及塑造作用。

综上所述，作为在角隅中常用的折枝纹，从题材、组织方式和形制对纹饰的关系三个方面，充分显示了角隅纹样灵活、多变以及依形制装饰和塑造的独有特点，同时充分体现了工艺师对生活的热爱程度。折枝纹在唐代金银器上的具体应用，不仅为我们提供了很好的设计经验，也为我们现代植物类角隅纹样的应用提供了应用方式、技巧和方法，并为现代较为程式化的角隅纹样拓宽了题材，同时对我们现代设计提出了新的要求——设计作品时应把对生活的热爱贯穿其中，创造出既现代又具有生活气息的角隅纹样。

2.1.3 花结

花结纹是利用花、茎、枝、叶组合而成的花形纹样，既保持花的外形属性，又属于组织形式，是一种对花结构的变形。其组织具有非常强的随意性，大多以花为中心，茎、叶弯曲交织，形成组织严密的花形结构。基于花结的形状或花结的组织元素为命名的依据，花结分为忍冬花结、石榴花结、柿形花结和花结枝等类型，在唐代金银器中有着广泛的应用。其中以角隅纹样出现在器物上的有桃形缠枝花结、桃形忍冬花结、石榴花结、忍冬花结枝、石榴花结枝五种类型（见表2.7）。其中应用桃形缠枝花结的器物有凯波立鸟纹折腹银高足杯（见表2.7的图1）；应用桃形忍冬花结的器物有白鹤宝相花纹花瓣形银盒2、鎏金仙鹤翼鹿纹银盒、莲瓣纹三足银壶（见表2.7的图2、图3、图4）；应用石榴花结的器物有白鹤宝相花纹花瓣形银盒1、石榴花结银方盒（见表2.7的图6、图7）；应用忍冬花结枝的器物有何家村飞狮纹圆形银盒（见表2.7的图5）；应用石榴花结枝的器物为何家村石榴纹圆形银盒（见表2.7的图8）。由于花结的组织特点，花结中各元素的选择可以根据主题纹样的需求而变化，比如白鹤宝相花纹花瓣形银盒2（见表2.7的图2）中的桃形忍冬花结中花头的装饰手法就借鉴于主题纹样莲瓣纹，并利用忍冬叶片对卷构成花瓣，然后再与茎、叶组织成为桃形花结，既做到与主题纹样的呼应，同时也演变为一个新的纹样。凯波立鸟纹折腹银高足杯（见表2.7的图1）的桃形忍冬花结也是如此,与整个器物忍冬缠枝纹以及花结结构相适应,使器物的装饰既整体又具有丰富的变化。

另外花结的变化还因为装饰区域的分割,其组织也有不同的变化。如白鹤宝相花纹花瓣形银盒2、莲瓣纹三足银壶、白鹤宝相花纹花瓣形银盒1(见表2.7的图2、图4、图6)的器物都是多曲形制,把盒盖分别划分为6、12、8个装饰区,角隅纹样则依据盒外形的弧度进行适合的设计,形成了较为圆润的装饰形象;而鎏金仙鹤翼鹿纹银盒(见表2.7的图3)中的桃形忍冬花结比较纤小,完全依附于石榴花结组成的环形装饰带,穿插于石榴花结与盒沿产生的角隅中,也因花结的构图比较简练,形成与石榴花结一起的主题之外的整条装饰带。石榴花结银方盒(见表2.7的图7)的器物为方形,通体以石榴花结为装饰纹样,中心为背向连接的四个石榴花结,角隅分别放置四个石榴花结与之相对应,充分显示出我国唐代文化中对多子多福等吉祥图形的喜爱。还有从组织形式上说,花结枝和花结是两个层面的纹样,花结枝是花结的再应用。它以花结为中心,再加上茎、叶的组织和穿插,形成枝状结构,以适合装饰的要求。如何家村飞狮纹圆形银盒和何家村石榴纹圆形银盒器物(见表2.7的图5、图8)的角隅纹样分别为忍冬花结枝和石榴花结枝,两者装饰手法十分相似,只是区别于盒盖装饰层次的多少。其中何家村飞狮纹圆形银盒(见表2.7的图5)的装饰层次少,花结枝的组织比较疏朗,忍冬纹则比较适宜作为花结的主要纹样形式;何家村石榴纹圆形银盒(见表2.7的图8)的装饰层次多,花结枝的组织比较繁密,使用石榴纹的组织花结枝比较适合装饰要求,唐代富丽堂皇、雍容华贵的装饰风格在这一器物上得到了充分的体现。同时主体纹样的选择也与盒的主题纹样相适合,也因这个原因这两个盒才能形成各自的装饰效果。

花结本来就是多元素纹样的集合体,是对纹样横向的结合,而到花结枝的变化则是花结组合运用的再一次创新,是对纹样设计一个纵向的扩展,充分体现了纹样多样化设计的一个走向,是一个重要的设计方法。也体现了8世纪前半叶,外来文明与本土文化碰撞、交融形成的文化兴盛繁荣的局面,以及在其引导下纹样设计灵活、丰富的装饰风格。

2.1.4 团花

团花纹是一种泛称,形状大体为圆形,不能确切地指出属于哪种植物的花朵。有人将这种团花称为茶花、牡丹、西番莲,但从形态观察很难予以肯定,故统称为团花纹。其特点是比较写实,花朵基本上平面为圆形,似俯视花朵[①],其难分辨性就在于虽呈现一朵平面花的状态,却是利用花卉各部分形象和组织特点,对各种花卉进行组合,充分利用,完成最有表现力的富有装饰性的一种纹样组织形式。在具体应用中呈现或团形、或放射状态、或单层、或多层,对器物装饰起主要作用,并且还有划分装饰区域的作用。由于这些特点一般作为主题纹样应用,处于角隅成为角隅纹样的可能性较小,然而在艺匠们匠心的设

---

① 齐东方:《唐代金银器研究》,第193页,北京:中国社会科学出版社,1995。

计和高超技艺的前提下，团花纹也有新的品种产生，在唐代金银器角隅纹样应用中有四分之一团花纹、扁团花纹、单瓣团花纹三个类型，充分体现了其组织能动性（见表 2.8）。

例如，何家村银耳杯的手柄处运用四分之一团花装饰角隅，左右相对装饰半团花，一个小小的手柄既有四分之一团花的细密也有半团花的开阔，真是功夫用在细小处，也更体现工匠高超的技术和严谨的设计风格，同时与耳杯内外两面富丽豪华的装饰形成鲜明的对比，并实现对立的和谐。喀喇沁狮纹葵花形银盘对团花纹的变化就是把圆形压扁成为扁团花，并对其透视角度微调，这样团花就有了一种方向性，再加上形状的变化，适于放置在角隅处，成为装点角隅、分割装饰区域、突出主题纹样的角隅纹样。以上两者只是对团花纹的小改造，而韩森寨莲瓣纹折腹银高足杯、鎏金蔓草花鸟纹高足银杯、沙坡村莲瓣纹折腹银高足杯等器物在其应用过程中对团花纹进行了拆分，演化为一新种类，即单瓣团花纹（因保持着团花的特点，其形象又像一个单列的花瓣，所以本文对此类纹样如此命名）。这三者的形制、纹样内容以及纹样的位置都十分相似，都是依附于折腹高足杯的形制，对表现轻松、自由生活场景的主题纹样进行装饰，为这一场景增添花带，带给人们一种绚丽和芬芳。总之，这些团花纹的应用重点体现了纹样设计的灵活性，即对纹样局部的创新应用。

以上四种纹样组织形式，在唐代金银器角隅纹样的应用中，以折枝居多，缠枝次之，花结依附于特殊的形制对角隅进行装饰，团花则主要体现于灵活应用方面。具体来说，各组织形式具有各自不同特点：折枝纹凭借单体较分散、易于变化组合的优势，更易运用于角隅位置，成为体现角隅纹样灵活性的典型代表；缠枝纹和花结纹两个组织形式主要依附于多曲造型等特殊形制，在角隅处有了新的应用，体现了工匠的高超技艺和精妙创意；而团花纹组织平面展开，层次和结构变化丰富的特点决定其常应用为主题纹样，较少置于次要地位，但在工匠的大胆创新中亦实现了组织形式的多样化。

2.2　题材类型

由于唐代金银器纹样题材较丰富和庞杂，既包括植物纹、动物纹、人物纹题材，也由于命名较混乱，有些实难归类，为讨论方便，将之归入其他类型，即植物纹、动物纹、人物纹和其他四类。

2.2.1　植物

2.2.1.1　莲荷

在中国，莲花又称荷花、藕花、水芙蓉、芙蕖、净客、玉环等。据考证，莲花图像最早出现于新石器时代，由于佛教的迅速发展而开始兴盛于魏晋，由于具有佛国净土的象征意义，被广泛应用于佛教艺术中，特别是唐代政治和经济的繁荣，文化的多元化，其应用的范围得到了很大的拓展，包括建筑、雕塑、绘画、铜镜、石刻、陶瓷、金银器、染织等。其中在唐代金银器角隅纹样的运用中，莲荷从写实和变化两方面对角隅区域进行装饰。例如，弗利尔狩猎纹筒腹银高足杯（见表2.9的图1）角隅纹样的单株莲花和何家村仕女纹银带把杯（见表2.9的图2）角隅纹样的荷花纹以写实手法装饰；法门寺鎏金如来盝顶银盒、法门寺六臂观音纹方形金盒、法门寺双狮纹花瓣形银盒、鎏金鸳鸯纹银盒（见表2.9的图3、图4、图5、图6）的角隅纹样应用为西番莲，它是从写生中的升华，是较程式化的纹样；何家村凤鸟纹圆形银盒、法门寺金刚界大曼荼罗成身会造像纹方形银盒、何家村独角兽纹圆形银盒、"宣徽酒坊"莲瓣纹弧腹银碗、法门寺莲瓣多曲银碗、法门寺盆形银炉（见表2.9的图7、图8、图9、图10、图11、图12）的角隅纹样应用的是对莲荷局部抽化形成的装饰纹样，包括莲瓣、莲叶两种。充分体现了纹样设计中以生活为源的设计根本——从写生中来，对元素的各个方面进行抽化、分析和应用，同时体现了唐代纹样逐渐程式化的设计规律。

例如，何家村仕女纹银带把杯（见表2.9的图2）下腹的八瓣仰莲与圈足之间的角隅区域，以荷苞与莲叶的结合体充当角隅纹样，其形象就像我们站在岸边，看到的一朵含苞待放的荷苞屹立在被风缓缓吹动的荷叶上，既活泼又生动，与莲瓣纹以及程式化的忍冬花结形成鲜明的对比。

法门寺鎏金如来盝顶银盒、法门寺六臂观音纹方形金盒、法门寺双狮纹花瓣形银盒、鎏金鸳鸯纹银盒（见表2.9的图3、图4、图5、图6）的角隅都为西番莲纹样的应用，因为角隅区域的大小、位置及主题纹样的不同而具有丰富的变化。其中法门寺双狮纹花瓣形银盒（见表2.9的图5）的花瓣形是四出菱弧纹，其内联珠纹也组成一四出菱弧纹，与外菱弧纹相切形成角隅，其内饰背分西番莲纹样，内菱弧形之内四角隅分别饰一西番莲缠枝纹。两者虽都为西番莲题材，却因处于两种角隅空间而呈现出不同的变化。西番莲缠枝纹处于开放空间，背分西番莲处于封闭空间，开放空间的角隅与主题纹样密切相关，利用涡形缠枝结构使西番莲花独当一面，由缠枝纹连接，形成既独立又相连的构图，纹样也较为雍容华丽；而在封闭空间中的西番莲只需适合角隅，又因为地处偏僻，只能以花与叶的组合进行装饰，纹样较为简练、粗放。在整个盒盖构图方面两种角隅位置相似，但空间错落，增添了一份运动感，两者相得益彰。另外因为表现主题的不同，法门寺出土的法门寺鎏金如来盝顶银盒、法门寺六臂观音纹方形金盒、法门寺金刚界大曼荼罗成身会造像纹方形银盒（见表2.9的图3、图4、图8）的西番莲与前者的装饰风格不同，更加倾向于云的表现感觉，比较飘逸，花瓣錾刻很多装饰线，凸显富丽华美。并且这三者之间又因装饰位置的不同，纹样呈现出不同的形态。法门寺鎏金如来盝顶银盒（见表2.9的图3）的西番莲装饰在盒的斜刹面，由于斜刹面外宽里窄，主题纹样为飞天，西番莲的造型就比较飘逸、浮动，较为随意放置在角隅之处，而且每个斜刹面又因飞天具体位置的不同，西番莲纹被任意组合，或花或枝的被安排在角隅区域，充分体现了角隅纹样的适合性和纹样设计的灵活性。法门寺六臂观音纹方形金盒（见表2.9的图4）的西番莲处于盒盖的角隅，正中錾刻相向翱翔的双凤，为了装饰主体，西番莲的花和枝叶都卷腾起来，旋舞起来，把烟雾缭绕、如梦入境的视觉感受充分表达了出来，也是对当时流行的西域旋舞在纹样设计中的反映。法门寺金刚界大曼荼罗成身会造像纹方形银盒（见表2.9的图8）角隅纹样的分布比较复杂，银盒主要表现的是即身成佛、无限美好的金刚界曼荼罗世界，五个面共錾刻45个佛像，每个面都有西番莲作为角隅纹样的分布，主要分布于佛像之间。盝顶内部方形区域的西番莲与四角隅的嬉、曼、歌、舞内四供（菩萨）结合完成角隅装饰；方坛外每边有4尊造像，中间两尊为菩萨，两侧可能为诸神、诸天形象，其身形近似三角形，上窄下宽，相交之处留出了不规则角隅区域，填以西番莲；宝函四个侧面的曼荼罗其中都为主尊，四角各有一金刚菩萨，其旁余白填以西番莲纹，特别是主尊与上方左右菩萨之间的西番莲纹形成三角形角隅，其婀娜伸展，具有很强的生命力。还有右侧面、左侧面的曼荼罗的上方左右金刚菩萨与边角之间的西番莲成为角隅纹样。这些西番莲纹以缠枝组织分区域的装饰在佛像的周围，使曼荼罗极乐世界显得更加花团锦簇、富丽堂皇。

另外几个器物的角隅是利用莲荷的局部元素演变而来的装饰纹样，因时间和形制的关系有各自的形成原因和特点。8世纪前半叶的何家村独角兽纹圆形银盒（见表2.9的图9），其盒沿与忍冬花结之间饰荷叶纹，荷叶呈侧面伸展，生动自然。9世纪前半叶的"宣徽酒坊"莲瓣纹弧腹银碗（见表2.9的图10）的莲叶因为处于不同时期，呈现出一种新的装饰风格，一条联珠纹錾刻在莲叶纹的边缘，背面深刻莲筋，生动地表现出一片背向的莲叶，既形象又朴实。装饰手法上联珠纹的小巧和莲筋的深厚，既形成强烈的对比，又相辅相成。另外伸展的莲叶与碗腹凸錾的三层莲瓣纹不仅在造型上产生对比，而且在平面上产生前后关系，在空间上由二维转化为三维，而且在色彩上更加突出主题莲瓣纹，对整个碗形的塑造起到重要的作用。这种莲叶纹的装饰风格与存在于中晚唐时期北方地区的莲瓣纹装饰手法十分接近，主要以细线刻纹的做法，在法门寺莲瓣多曲银碗的腹部、法门寺盆形银炉的底座上部、法门寺银盐台的底盘、法门寺乐伎纹银香宝子和法门寺人物纹银香宝子器体的下部、法门寺迦陵频伽纹银棺的棺座（见表2.9的图11、图12、图13、图14、图15、图16）都可见到，并且在这些器物的具体应用中呈现出不同的装饰效果。装饰风格上呈现出线刻和浮雕两种，主要区别在于莲叶上联珠的錾刻，"宣徽酒坊"莲瓣纹弧腹银碗、法门寺莲瓣多曲银碗、法门寺盆形银炉、法门寺乐伎纹银香宝子、法门寺人物纹银香宝子（见表2.9的图10、图11、图12、图14、图15），这几个器物的联珠为线刻风格，朴实无华；法门寺银盐台、法门寺迦陵频伽纹银棺（见表2.9的图13、图16）的联珠为浮雕风格，其中法门寺银盐台（见表2.9的图13）的莲叶的联珠粒粒圆润，凸出，既像珍珠一样金光灿烂，又像花蕊一样婀娜多姿，并且与双层莲瓣内的同样使用浮雕手法的石榴花心遥相呼应，产生银盐台莲瓣内外空间上的丰富层次，为银盐台镶嵌了一个精致的花边，同时鎏金装饰的莲叶与同样鎏金的莲瓣和石榴花心相呼应，金银错落，形成灿烂辉煌的装饰效果；而法门寺迦陵频伽纹银棺（见表 2.9 的图 16）莲叶的联珠不是阳刻，而是阴刻，与平刻的莲瓣以及棺体装饰产生强烈的对比，增加了凹凸的变化，仿佛在棺座周围镶嵌了一周宝石，为整个器物增加了点睛之笔。这两种风格都有它们各自的优点和用武之地，如果法门寺乐伎纹银香宝子改用锤揲工艺手法，就无法体现装饰纹样的精美与丰富，法门寺迦陵频伽纹银棺改用錾刻手法，整个棺体装饰将会平淡单调，归根到底使用何种工艺都是由器物的整体装饰特点决定的。

除不同的装饰风格外，莲叶纹呈现出逐渐简化、变异的特点。丁卯桥童子纹三足银壶（见图 2.1）的莲叶虽有相似的形象，但联珠已经演变为短线，与线刻莲筋呼应，也使其形象程式化，逐渐脱离莲叶的形象，体现了晚唐时期纹样程式化的特点。咸阳缠枝纹金注壶（见图 2.2）的莲叶把简化更进一步，只有莲筋的錾刻，而没有联珠装饰，更加凸显"线"精密细腻的特点，并且莲筋分两段錾刻，在实现装饰手法简化的同时更加逼真地表现背面莲叶。水邱氏人物纹四足银壶（见图 2.3）的莲叶则更加写实，莲叶翻卷，就如随风摇曳的莲叶一般，体现了晚唐特别是南方地区装饰纹样世俗化的特点。背阴村人物纹三足银壶（见图 2.4）的莲瓣纹之间装饰的不再是莲叶，而是以形象极为相似的簇花代替，一方面体现了纹样间的承继关系，另一方面也体现了纹样多样化的趋势，是纹样设计的一种创新方法。

图 2.1 丁卯桥童子纹三足银壶

图 2.2 咸阳缠枝纹金注壶

图 2.3 水邱氏人物纹四足银壶

图 2.4 背阴村人物纹三足银壶

以上这些角隅中莲叶纹的各种变化都与主题纹样关系密切，其装饰手法亦与主题纹样一致。当主题莲瓣纹装饰比较华丽时，如对卷忍冬纹的花瓣以及蕴涵吉祥寓意的石榴花心等，作为角隅的莲叶纹则运用联珠装饰及錾刻或锤揲的装饰手法，当主题莲瓣纹趋于简化时，莲叶则跟着简化。

从时间上说，莲叶纹主要应用于 8 世纪前半叶至 9 世纪，其前后的变化主要表现在三个方面：纹样由写实到逐渐程式化，后期装饰逐渐世俗化和多样化，器物制作重心也由北方向南方转移。

另外鎏金鸳鸯纹银盒、何家村凤鸟纹圆形银盒（见表 2.9 的图 6、图 7）都为圆形盒，其盒沿与盒盖第二重桃形花结间都饰莲瓣纹，其装饰位置完全相同，但因花结的繁简程度不同，莲瓣纹也随着变化。何家村凤鸟纹圆形银盒（见表 2.9 的图 7）其花瓣与宝相花的花瓣极为相似，由两个对卷的忍冬叶和其左右肩部各肩负一小忍冬叶以及其内的弧形花心组成，花形呈莲瓣状；而鎏金鸳鸯纹银盒（见表2.9的图6）相对比较简单，仅两层花瓣组成莲瓣纹，穿插于角隅区域内，使圆环装饰带形成具有前后关系的上下两层，既丰富了盒盖的装饰层次，又赋予了莲花洁净之感，并形成了富丽豪华的装饰效果。何家村独角兽纹圆形银盒（见表2.9的图9）的角隅中荷叶纹亦如此应用，之所以题材的选择有区别与花结的构图较为纤细有密切的联系，体现其阴柔之美。

总之，莲荷的广泛应用是基于其蕴涵的含义及人们对它的接受和喜爱程度，以此表现人们对纯净、神圣、美好等事物的审美需求。

2.2.1.2 忍冬

忍冬，又叫金银花，特点为蔓生、越冬不死，因而在佛教中象征着灵魂不灭、变化无常、轮回永生，因此被广泛施用于如漆器、铜器、建筑、石刻、雕塑、藻井、纺织品等装饰中。唐代忍冬纹多为三曲至五曲的半片叶，或两叶对卷，或与枝蔓结合对称侧卷[①]。而居于角隅的忍冬纹的应用较为灵活，并呈现出模仿、接受、创新的过程。

凯波立鸟纹折腹银高足杯（见图2.6）中的忍冬纹保留着其最原始的元素，茎和花极富生命力，飞舞伸展，其组织与莲瓣结构内的忍冬缠枝相近，采用中轴左右对称，完全适合于角隅区域，与纤细、繁密的盛唐时期满地装饰风格相适宜。何家村

---

① 齐东方：《唐代金银器研究》，第131页，北京：中国社会科学出版社，1995。

人物忍冬纹金带把杯（见图2.5）和法门寺盆形银炉（见图2.11）的忍冬纹形象相近，保持着忍冬叶侧视三片的典型特征，叶片呈卷草状翻卷，但因应用时期的不同具有不同的变化，何家村人物忍冬纹金带把杯（见图2.5）的忍冬纹较为雍长，不仅装饰角隅，而且继续延展、翻卷形成对主题纹样的包围之势，其西域特征强烈而浓郁，与胡人形象的主题人物纹、八棱形杯体、环形联珠把及指垫，足底一周联珠，以及浮雕的装饰手法一起，共同体现了西方文明对我国金银器制作方面的影响；而法门寺盆形银炉（见图2.11）的忍冬纹较为精炼、短小，仅保留主要特征，实现纹样的程式化，体现了纹样设计成熟的一面，同时也更为适合低腹盆较低短装饰区域的应用，充分体现了形制对纹样的决定作用。两者的比较既体现了纹样在不同时期的演变特点，也是纹样形象稳定性的表现。凯波莲花纹罐形银壶（见图2.7）中忍冬纹呈阔叶状态，左右对称的布局对中心纹样莲花形成包围之势，形成"开光"的装饰效果，同时相连接的忍冬纹又构成背分式，并且与开光区域之外的花尖结合在一起又完成柿形花的装饰效果，产生一种茎与花上下布局又通透重叠的视觉错觉。从另一个角度来说，花尖也成为开光之外角隅中的角隅纹样，纹样相互借用，又相互独立的纹样，在现代设计中被称为"互生"图形，是一种被广泛应用的设计手法。而丁卯桥童子纹三足银壶（见图2.8）的忍冬纹比较典型，以侧视的四叶片平展形式，在壶颈与壶形开光间成为角隅纹样，其粗厚的叶片和叶筋錾刻细线的装饰风格，与壶下腹部的莲瓣的装饰手法相呼应，使壶更加整体、统一。相对于前两者大刀阔斧的风格，"田嗣莒"双凤纹花瓣形银盒（见图2.9）中的忍冬纹显得比较小巧，只是一组向外翻卷的叶片，这与其位置有密切的关系，也是由整个盒装饰细密、繁丽的特点决定的。而其錾刻细线的装饰手法却与丁卯桥童子纹三足银壶相近——比较写实，虽然丁卯桥童子纹三足银壶的开光装饰与"田嗣莒"双凤纹花瓣形银盒满地装饰的布局有很大的区别，但都体现了南方地区倾向写实、生活化和极少受宗教艺术影响的艺术特点，从一个侧面反映了唐代晚期南方地区金银器制造业的繁荣和工匠技艺的高超。

另外法门寺五足银炉（见图2.10）的炉盖桃形忍冬花结间上下余白饰忍冬纹，下余白处忍冬纹的造型与"田嗣莒"双凤纹花瓣形银盒相似，也是一组向外翻卷的叶片，而上余白处忍冬纹为两组翻卷叶片，相交成心形，一方面其左右延展更适合角隅装饰，另一方面形成上紧下松的装饰效果，与花结的上小下大的构图互补对应，实现炉盖的整体装饰。

图2.5 何家村人物忍冬纹金带把杯角隅图

图 2.6 凯波立鸟纹折腹银高足杯角隅图

图 2.7 凯波莲花纹罐形银壶线图

图 2.8 丁卯桥童子纹三足银壶线图

图 2.9 "田嗣莒"双凤纹花瓣形银盒角隅图

图 2.10 法门寺五足银炉的炉盖角隅图

图 2.11 法门寺盆形银炉

比较这七个器物角隅区域中应用的忍冬纹，可充分感受到唐代前后不同时期的纹样和地域变化特点。何家村人物忍冬纹金带把杯主要表现唐代早期西方文明对我国的强烈影响；凯波立鸟纹折腹银高足杯体现了盛唐时期满地、华丽的装饰风格；而同为满地装的"田嗣莒"双凤纹花瓣形银盒却有着不同的视觉感受，它的满地装是由肥枝阔叶组成，纹样密不透风，与凯波立鸟纹折腹银高足杯的结构分明有着鲜明的对比，而且装饰手法也有很大的区别，一个是纤细，单线装饰；一个是肥阔，以多条细线辅助的立体装饰，增加了纹样的厚重感和立体感，充分体现了唐代前后时期纹样不同的组织特点和装饰特点。而法门寺五足银炉是一个例属于晚唐北方的器物，其忍冬纹呈绶带式装饰，边界清晰厚重，有强烈的立体感，纹样分布器物全身，并有花结组合的朵带套接其外，实现了多层次、全方位的装饰。虽然当时在北方满地装已不流行，而因其出土于皇家内寺的法门寺，对供养器的重视也导致器物更加精美、华丽，所以器物呈现富丽的满地装。但与南方浑然一体的满地装有很大的区别，依然保留北方纹样粗犷、层次分明的特点，另外以铆接的兽足为界，卷云纹装饰其周围，形成了单元装饰，是满地装和分单元装饰风格的完美结合的产物，是纹样设计成熟程度的体现。在满地装方面，一方面形成与凯波立鸟纹折腹银高足杯的比较表明其间的承继关系，另一方面与"田嗣莒"双凤纹花瓣形银盒的比较体现了南北方不同的地域特点。从与主题纹样的关系分析，凯波莲花纹罐形银壶的忍冬纹比较含蓄、生动，而丁卯桥童子纹三足银壶的忍冬纹则比较僵硬、程式化。从忍冬纹的形象上看，同为忍冬叶的侧视效果，凯波莲花纹罐形银壶的忍冬纹又与何家村人物忍冬纹金带把杯的卷草状忍冬形成唐代前后时期装饰风格的鲜明对比。

通过对这七个器物中忍冬纹应用的分析，从角隅纹样的角度把唐代金银器的装饰特点做一个时间上和地域上的梳理，从一个侧面呈现了唐代装饰风格的变迁过程。

2.2.1.3 宝相花

宝相花纹是一种表现花朵平面的花纹，是以莲花为主体，糅入各种花叶，或加上宝珠形的圆点，构成的一种多层次的，富有装饰性和综合性的纹样类型。因其平面和多层次的特征，大多作为器物的主题纹样，处于角落成为角隅纹样这种应用的器物比较少，但在表2.10中何家村方形银盒的顶面就以三出云勾瓣宝相花纹、卷云和飞鸟的组合形成角隅的装饰纹样，一方面体现了工匠们精巧的构思，实现了宝相花纹从四角到三角的变化，使宝相花适合角隅区域，使纹样多样化，另一方面与中心的宝相花纹共同装饰器物，体现了整体统一。在装饰的方向上，主题宝相花纹确立中心坐标，而角隅宝相花占据角隅区域，两者角度相错45度，形成轻微的旋转感，再加上飞鸟的顺时针飞舞，卷云的飘动，使四平八稳的顶面装饰纹样动了起来、飞了起来，在程式化中提升了装饰的生命力。

2.2.1.4 云曲

云曲纹是由三五瓣云朵形的花瓣连续排列组成的纹样[①]。虽呈现为云朵形，但实际上是花纹的一种，所以被列入植物纹。齐东方把云曲纹分为了五式，足以体现小小云曲纹的变化之丰

---

① 齐东方：《唐代金银器研究》，第162页，北京：中国社会科学出版社，1995。

富，而应用于角隅装饰的有两个形式（见表2.11），一种云曲纹似一朵侧视的小花，带两片简略的叶片[①]（本文将其确定为Ⅰ式云曲纹）。这种形式运用得相对比较多，如凯波缠枝纹银带把杯、白鹤莲瓣弧腹银碗、弗利尔莲瓣纹弧腹银碗、纽约莲瓣纹弧腹银碗、俞博莲瓣纹弧腹银碗（见表1.1的图5、图11、图12、图13、图14）都为这种形式云曲纹的应用。其形制相同，纹样相似，位置都处于碗圈足，都穿插在较大忍冬叶片的云曲纹之间，两种形式的云曲纹，大小错落，形成一种节奏、一种韵律感。小花式云曲纹比较小巧，而大的云曲纹非常像展翅腾飞的小鸟，这时地面上的小花仿佛也随着摇曳起来，给圈足增加了无限的生命力。从而说明了静与动并不是绝对的，只要抓住纹样装饰的规律，就可以宜动宜静、相辅相成。另外一种就是何家村莲瓣纹弧腹金碗（见表1.1的图7）底部向外撇、较简洁[②]的云曲纹形式（本文把其确定为Ⅱ式云曲纹），这一形式花形简单，比较圆润，适宜浑圆华丽、精美的何家村莲瓣纹弧腹金碗整体的装饰风格。总之，不论Ⅰ式还是Ⅱ式云曲纹都点缀着金银器的角隅位置，为器物起到装饰和丰富的视觉效果。

2.2.1.5 单花

为了区别于齐东方在《唐代金银器研究》一书中提到的小花纹，本文把单朵的四瓣小花称为单花纹。法门寺珍珠宝钿方形金盒（见图2.12）是镶嵌工艺与金银器工艺结合的典型器物，

[①] 齐东方：《唐代金银器研究》，第162页，北京：社会科学出版社，1995。
[②] 齐东方：《唐代金银器研究》，第162页，北京：社会科学出版社，1995。

为了突出红、绿宝石和珍珠等镶嵌物，器物纹样构图比较简练。盒盖仅有中心团花和斜刹面的八朵单花装饰。虽然构图简单，但层次丰富，每个单花都可分为金珠串成的花形轮廓、红绿宝石的花瓣、珍珠的花心三个层次，又因为斜刹面的位置，不论从侧面还是从顶面观察都可看到丰富的装饰层次，实现了简单的丰富。另外八朵单花处于"四方八位"的位置，是传统九宫格构图的典型应用，以此体现了我国最朴素的宇宙观以及以九宫格为基础的纹样设计规律。

图 2.12　法门寺珍珠宝钿方形金盒

2.2.1.6　半花

半花纹是相对小花纹而言，是由四瓣小花的一半作为纹样形象，其应用方式一般为横向间隔排列形成半花纹的二方连续装饰带，主要应用在长杯、碗或炉的边缘部位充当边饰；或者与小花纹结合，形成以小花纹为主体，半花纹为角隅的开光装饰，这时半花纹就为角隅纹样。此类在何家村鹦鹉纹提梁银壶的圈足处、西安鹦鹉纹海棠形银盒的盒侧面（其海棠花形也是四瓣并与半花纹相近，所以也把其归入半花纹）、蓝田鹦鹉纹云头形银盒的盒侧面、凯波荷叶形银盒的盒侧面（见图 2.13、图 2.14、图 2.15、图 2.16）都有应用，这些银盒大多为不规则形制，其不规则形决定了纹样要随着形制形成不规则的装饰段，上下开合开启时是半花纹的二方连续，闭合时两条装饰带组合起来，依这些形呈现出不同的状态。以蓝田鹦鹉纹云头形银盒（见图 2.15）为例，云形把银盒开合分为五个装饰段，依弧度和长度不同，就开始了对半花纹的组合及分割，呈现出不同的组合效果。单看开合的上部或下部，区段内形成一半花纹为中心，下方或下方左右两角装饰二分之一半花；开合闭合时，这些被区段分割后的半花纹进行了组合，横向的半花纹变成了纵向的半花纹，形成两个相对半花纹为主题，相对纵向半花纹为辅并装饰于两边的效果，又因器物的立体特征，观察者的观察角度以及视觉涵盖面积的不同，半花纹又可呈现出不同的组合效果，充分显示出程式化纹样易于组合的能力，比造型复杂的纹样具有更多的趣味，几何纹也与半花纹有异曲同工之妙。

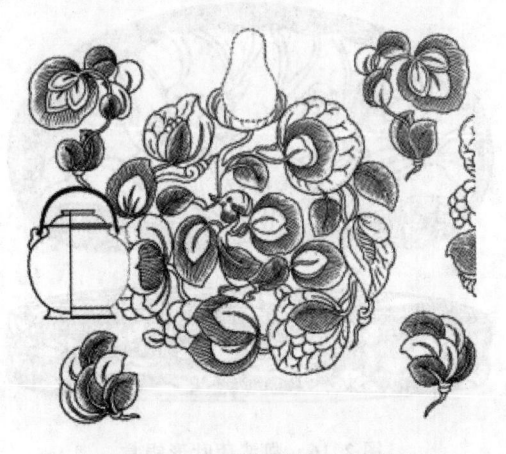

图 2.13　何家村鹦鹉纹提梁银壶

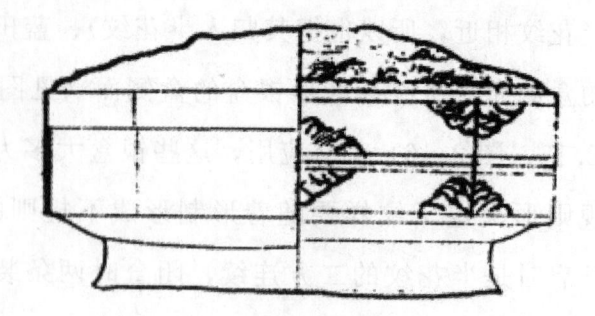

图 2.14　西安鹦鹉纹海棠形银盒

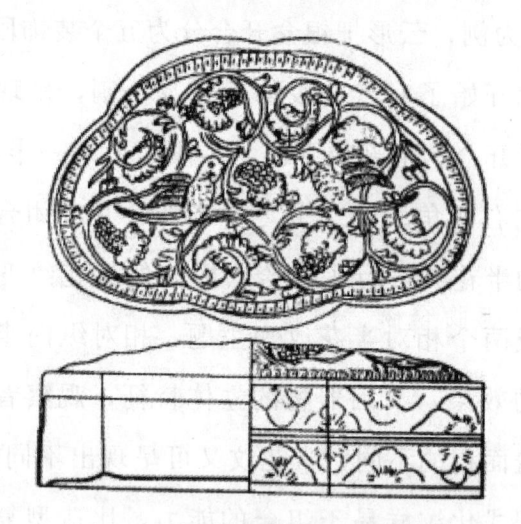

图 2.15　蓝田鹦鹉纹云头形银盒

图 2.16　凯波荷叶形银盒

2.2.1.7　花尖

古埃及就已有将掌状叶的一半饰于涡卷纹的夹角处，将其形象走势与涡卷的弧形相适合的应用，并与卷草纹一起形成合乎形式美的曲线和富有节奏感的排列，为此受到西方人的钟爱乃至被古希腊到欧洲整个中世纪广泛地使用。而传入我国以后这种形式被保留了下来，并进行灵活的应用。在接受这个形式的过程中也存在从模仿到接受以及升华的三个阶段。

在凯波缠枝纹圜底银碗（见图 2.17）的碗沿，背分式忍冬缠枝纹间装饰一花尖，虽然具有花心和花瓣两部分，但边缘比较尖锐，更倾向于叶子的形状，表现其早期模仿期的特征。而何家村莲瓣纹弧腹金碗、白鹤莲瓣弧腹银碗、白鹤鸳鸯纹圆形银盒（见图 2.18、图 2.19、图 2.20）也属同一类型，是这一形式的演化，只是花尖不再装饰在忍冬纹间，而是推而广之穿插于所有能够产生类似角隅的位置，包括何家村莲瓣纹弧腹金碗的凸瓣纹间、白鹤莲瓣弧腹银碗外底心石榴忍冬花结相交形成的角隅、白鹤鸳鸯纹圆形银盒的桃形忍冬花结并肩处形成的角隅等。这些区域局部特征都类似于凯波缠枝纹圜底银碗，都是背分式构图。但其形式已脱离了对涡形结构的依附，侧重表现其均匀分布的节奏感，并且具有装饰方向。其中何家村莲瓣纹弧腹金碗、白鹤莲瓣弧腹银碗中花尖处于纹样下方相交处，形成与主题纹样方向上的对应，位置错落，在产生与主题纹样互动的同时，形成了新的节奏；并且白鹤莲瓣弧腹银碗中的花尖与中心六瓣团花形成了一个封闭的空间，呈放射状，从而更加突出主题纹样。白鹤鸳鸯纹圆形银盒（见图2.20）的花尖方向朝上，主要装点盒沿部位，与桃形忍冬花结一起完成盒盖第二层装饰带的装饰，使构图结构清晰、完整，更好地为主题纹样服务。凯波莲花纹罐形银壶（见图2.21）的花尖处于背分的装饰单元之间，装饰于其上下，在加强对装饰单元分割作用的同时增加了装饰单元的横向联系，使壶体装饰浑然一体，更加整体，在构图形式方面是一次创新的应用。以上三者主要体现了这一构图形式广泛化后的创新运用，而克利夫葡萄纹圆形银盘（见图2.22）是把原始和创新的两种形式结合起来的综合应用，并更加规范、趋向程式化。盘心第二层桃形忍冬花结肩部相交处分布花尖纹，并且在这里原来的相对叶瓣演变为一对对卷的忍冬叶，使角隅空间向外伸展，增加了纹样的装饰性，丰富了画面节奏；盘心外围装饰带与凯波缠枝纹圜底银碗的运用相似，只是花尖已不是单独装饰角隅，而是转换为对生的葡萄，一方面体现了外来文明的影响，另一方面在构图上葡萄和花尖成为一组卷草的中心，并以此呈现四组纹样相连的装饰带，实现了纹样程式化；盘边的背分式忍冬卷草纹由单向变成双向背分式构图，卷草上下都装饰花尖，既适合盘边的两边装饰的特点，也使纹样更加规范，易于重复使用，充分体现了8世纪后半叶唐代纹样设计的成熟，逐渐实现了外来文明的中国化。

  以上从花尖纹的角度体现了一种构图形式从初级到成熟的过程，其中充分体现了工匠们高超的智慧以及纹样逐渐规范化和程式化的一个基本设计规律。

图 2.17 凯波缠枝纹圜底银碗线图

图 2.18 何家村莲瓣纹弧腹金碗线图

图 2.19 白鹤莲瓣弧腹银碗线图

图 2.20　白鹤鸳鸯纹圆形银盒线图

图 2.21　凯波莲花纹罐形银壶线图

图 2.22　克利夫葡萄纹圆形银盘线图

2.2.1.8 牡丹

唐代花卉装饰纹极其富华，形象华丽、丰满，富于浓郁的生活气息，其应用不是以自然写生花卉的形式出现，而是将牡丹、莲花、茶花、西番莲等多种花卉以及忍冬的卷曲的藤蔓相融合，形成宝相花、折枝和缠枝花三类主要的装饰花卉形态。这三种花卉形态在金银器中都得到广泛应用，其中缠枝花主要应用在碗、盒、盘等各种形制中，特别是在初唐到盛唐，缠枝被阔叶或卷叶取代，而且石榴、葡萄、牡丹穿插其中，利用花叶的"翻转仰合，动静背向"营造舒展、自由的装饰风格。如日本仙鹤纹圆形银盒、何家村龙凤纹弧腹银碗的卷草纹就是缠枝花形态的应用（见图2.23、图2.24）。其中日本仙鹤纹圆形银盒（见图2.23）是基于卷草纹的涡形构图，整个盒面在旋涡中旋转起来，产生光明和绚烂的感觉，再加上背分形式，并与其间的角隅组成装饰单元，实现动静的对比和协调，并增强了节奏感。还有角隅内装饰的牡丹花苞，与涡形内的牡丹纹遥相呼应，充分体现了蓬勃的生气和韵律的美感。何家村龙凤纹弧腹银碗（见图2.24）的卷草纹呈S形构图，利用流动的曲线与碗的上下沿产生虚实相生的角隅区域，其内装饰单枝牡丹。虽然两个卷草纹都融入了牡丹，但两者以构图的不同显示出不同的风格，涡形比较追求旋舞飞动感，而纹样只能随形翻转，构图比较疏朗；S形只为骨架，其内的各元素依然以缠枝形式组织，呈现出细密、丰富的装饰效果。从应用的纹样种类上说，涡形相对较少，日本仙鹤纹圆形银盒的涡形中只有牡丹花苞及其枝叶装饰，而何家村龙凤纹弧腹银碗中却有飞鸟、走兽、葡萄和牡丹等纹样种类，十分丰富，显示出唐代华美富丽的装饰风格。从角隅纹样的应用上说，背分的涡形左右相当，牡丹花苞较易装饰其中，所以背分式卷草在以后得到较多的应用。比如凯波缠枝纹圜底银碗、克利夫葡萄纹圆形银盘（见图2.17、图2.22）都有这种背分式卷草纹的应用，并且呈程式化的趋势发展。S形的装饰单元前后错落，其间的角隅形状不规则，牡丹花只能比较僵硬地以枝状装饰，所以S形构图大多以翻卷的枝叶适合装饰，角隅纹样的应用相对较少。但是何家村龙凤纹弧腹银碗（见图2.24）还是利用卷草纹的婉转与上下角隅的阴阳对应，使画面富有优美的韵律和节奏感。总之，牡丹纹在角隅中的应用，一方面体现了唐代花卉纹样应用的特点，另一方面体现了其在卷草纹的两种构图中运用的不同变化，并以此分析其设计规律。

图2.23 日本仙鹤纹圆形银盒线图

图 2.24　何家村龙凤纹弧腹银碗线图

2.2.1.9　树木

树形的高大、广阔，位于世界的中央，顶天立地的作用，作为宇宙的化身，几乎成为世界各国树形纹饰中所共有的特征。树的神奇和永生充满了神秘的色彩，被宗教界渲染、夸张、传播并广泛应用[①]，各国都有对圣树的崇拜。而沙坡村狩猎纹筒腹银高足杯（见图 2.25）中的乔木花树顶天立地矗立在两组狩猎者之间，其枝叶左右伸展飞舞，一派生机盎然，隐含着生命的含义。狩猎者背向而驰，其身后留出三角形角隅空间，由树纹与旁边的折枝组合完成对角隅的装饰，起到分割装饰区域的作用。总之树纹的应用体现了人们对生命理解，是中国深厚文化积淀的反映。

---

① 芮传明、余太山：《中西纹饰比较》，第 261 页，上海：上海古籍出版社，1995。

图 2.25 沙坡村狩猎纹筒腹银高足杯

植物纹除上述9个种类外,还有在"组织形式"一节中阐述过的折枝纹3个种类和花结4个种类,许多纹样被赋予了不同的含义,体现了工匠们对理想的追求,对生活的理解和感受。植物装饰注重生命感和律动感的表达,不对自然进行逼真临摹,而追求结构的组织特点,力图通过舒展的枝叶、流动的形式、平面的处理手法展示对象内在的生命活力,如"S"形骨架的缠枝,纹样婉转流动、回环往复、缠绵不息,传达出一种不可抑制的生命力和动感。

总之,植物纹样在唐代的广泛应用以至两宋的大发展,主要原因就在于其表现力和可塑性强,可根据纹样形式规律、区域特点进行组织,或分割或组合,表现出强大的适合能力。

2.2.2 动物

唐代动物纹与此前以瑞兽为主的动物纹不同,倾向于写实,贴近生活。在角隅中的应用,动物纹主要包括飞鸟、野猪、羊、鹿、凤鸟、兔、狐、蜂蝶、鸳鸯、天马、鱼等11个种类,其表现内容或与折枝纹、卷云纹组合,反映帝王贵族悠闲生活、狩猎娱乐的场面;或单独穿插在植物纹间展示生命的活力;或与卷云纹一起表现对仙界神境的向往。唐代动物纹形象上写实性更强,种类上以较常见及民间喜闻乐见并蕴涵吉祥寓意的动物为主,应用上以飞鸟纹(各种持飞翔之势的鸟纹总称)最多(见表2.12)。

弗利尔葡萄纹圆形银盒(见表2.12的图1)中的飞鸟纹处于葡萄卷草纹间穿插分布,有的驻足而望,有的展翅飞翔,与盒中心的立鸟遥相呼应,呈现出繁密华丽的装饰效果。在密不透风的纹样中,立鸟上方的却留出三角形角隅,一飞鸟在此展翅高飞,其形状完全适合角隅区域,成为整个画面稀疏透气之处,在疏密对比中实现了画面的和谐。

大和文华飞鸟纹花瓣形银盒、何家村莲瓣纹弧腹金碗、弗利尔莲瓣纹弧腹银碗、俞博莲瓣纹弧腹银碗(见表2.12的图2、图3、图4、图5)中飞鸟纹的应用属一类,它们都分布在因形制分割而成的角隅装饰区域内,大多与折枝花草纹、卷云纹一起组合完成角隅装饰。其中大和文华飞鸟纹花瓣形银盒和何家村莲瓣纹弧腹金碗(见表2.12的图2、图3)中的飞鸟纹的应用较相近,在角隅中飞鸟纹为主要纹样,鸟的品种为比较华丽的鹊鸟,以适合器物整体豪华富丽的装饰风格;弗利尔莲瓣纹弧腹银碗和俞博莲瓣纹弧腹银碗(见表2.12的图4、图5)的飞鸟纹应用相近,角隅内纹样分布比较分散,布局也比较自由随意，飞鸟与折枝花草纹、卷云纹的主次关系没有明显的区分，飞鸟的品种主要是雀鸟，造型小巧可爱，呈现出自由、奔放的装饰风格。

何家村石榴纹圆形银盒、水邱氏人物纹四足银壶、何家村乐伎纹银带把杯（见表 2.12 的图 6、图 9、图 10）的飞鸟纹由于装饰区域划分的缘故呈现出不同的变化。其中何家村石榴纹圆形银盒（见表 2.12 的图 6）的装饰华丽精美，飞鸟纹主要飞舞在盒边八朵团花的周围，与石榴花结枝相对应，起到对装饰区域的分割作用；其姿势优美、灵动，与卷云纹一起把八朵团花纹联系起来，实现团花纹的单体向环形装饰带的转变，并在繁密的装饰中涌现出一股蓬勃生气。水邱氏人物纹四足银壶（见表 2.12 的图 9）腹部装饰区使用了开光装饰手法，其外与壶下腹莲瓣装饰带之间的角隅区域内，分布向上飞翔的雀鸟，在广阔的空间里，呈现出一种活泼、轻松的感觉。何家村乐伎纹银带把杯（见表 2.12 的图 10）的飞鸟纹分布于八棱杯体形成的 8 幅独立画面中，其中飞鸟飞翔于一执杯者上方，与其身边的山石、折枝一起为人物营造了一幅生趣盎然、优美悠闲的场景画面。三只飞鸟方向与人物相背，既打破了沉寂、静止的构图，也增加了动静对比，其左上角飞鸟口衔花朵的形象适合角隅，既与画面中折枝呼应，也产生与周围画幅的关系，并形成传递乐声、传播美好祝愿的视觉效果。还有一空手舞者画面中，人物的右上角饰双飞鸟，其与左上角的蝴蝶相对映，既增加了画面的动感，也形成蝴蝶、飞鸟与人物的互动，产生妙趣横生的优美画面。

然而瑞典鸾鸟纹蛤形银盒（见表2.12的图8）的飞鸟纹的应用方式主要是单体装饰角隅，在蛤形盒这种三角形的特殊形制里，飞鸟纹可以单体占据一角，以飞鸟为装饰主体，从而动物的活力得以充分体现，以此增强蛤形盒生命力的表现。何家村方形银盒（见表2.12的图7）的飞鸟纹出现在盒盖面，在以三出云勾瓣宝相花装饰角隅的基础上，飞鸟纹加入角隅区域，组合成为角隅纹样，延展了角隅纹样的形状和位置，不仅使比较严肃、比较静的宝相花纹动了起来，活了起来，也使整个方形盒顶面有了旋转、飞舞的感觉。这一飞鸟纹的装饰特点在于它是附属纹样的附属，但起到的作用却不可小看，灵动而巧妙。总之，飞鸟纹作为角隅纹样主要是在静中展现了动，使整个作品生动、自然，给人以无限的遐想。

　　而其他动物纹，如野猪、羊、鹿、凤鸟、兔、狐、蜂蝶等，大多与折枝花草纹、卷云纹多种纹样组合呈现，或仅与折枝花草纹组合共同装饰角隅，利用这样的组合呈现一幅悠闲的生活场景，充满自然气息（见表1.1的图11、图12、图13、图14、图24）。其中白鹤莲瓣弧腹银碗（见表1.1的图11）的碗口沿下饰奔狐和折枝花草纹，弗利尔莲瓣纹弧腹银碗（见表1.1的图12）的碗口沿下錾羊、兔、鹊鸟以及折枝花草纹和卷云纹，纽约莲瓣纹弧腹银碗（见表1.1的图13）的碗口沿与莲瓣间饰羊、鹿、凤鸟及卷云纹、折枝花草纹，俞博莲瓣纹弧腹银碗（见表1.1的图14）的碗口沿与莲瓣之间饰飞鸟、奔狐、蜂蝶、折枝花草纹以及卷云纹，沙坡村莲瓣纹弧腹银高足杯（见表1.1

的图 24）的杯上沿与莲瓣间饰折枝花草纹、卷云纹、蝴蝶纹。还有何家村乐伎纹银带把杯（见表 1.1 的图 10）在以空手舞者为主题的装饰面中，人物的左上角以翩翩飞舞的蝴蝶装饰，与右边的双飞鸟左右对映，与舞者形成互动，营造一妙趣横生的动感画面。这些微妙的变化实际上是生活的直接反映，巧妙的角隅纹样运用使其更加生动，妙趣丛生。

还有凯波狩猎纹筒腹银高足杯和何家村狩猎纹筒腹银高足杯（见表 1.1 的图 27、图 28）两个器物的动物角隅纹与人物纹、折枝花草纹、山石纹、卷云纹组合一起组成狩猎图，反映帝王贵族的生活。由于以上两个器物主要表现狩猎场景，像兔子、狐等多是狩猎物，所以角隅纹样组合中大多以动物纹为主，搭配以卷云纹和折枝花草纹，它们奔跑和穿插在折枝花草纹中，既活泼又灵动，让狩猎图转动了起来，成为弧腹银高足杯装饰带中最灵活生动的内容。

另外，白鹤宝相花纹花瓣形银盒 1（见图 2.26）中鸳鸯口衔鲜花，飞舞于云中，再加上莲瓣纹及桃形花结形成的缤纷世界，表现了一幅无比美好的画面。然而，鸳鸯被人们赋予男女爱情的含义，它的使用充分体现了人们对美好事物的喜爱和接受程度。而法门寺浙西银盆（见图 2.27）主题纹样鸳鸯纹写实、生动，把这个题材运用到极致，富于浓郁的生活气息和世俗情趣，成为法门寺地宫出土金银器中的一枝独秀[①]。虽然两者一是角隅纹样，一是主题纹样，类型不同，位置不同，却从纹

[①] 齐东方：《唐代金银器研究》，第 195 页，北京：中国社会科学出版社，1995。

样的角度体现了由繁缛到疏朗、由纤细向肥阔的发展，也体现了向生活化、世俗化发展的方向。

图 2.26　白鹤宝相花纹花瓣形银盒 1

图 2.27　法门寺浙西银盆

天马纹在唐代金银器角隅纹样的运用中比较少见，只有 1 件器物——法门寺鎏金鸿雁流云纹银茶碾子（见图 2.28），其槽座四壁有镂空壶门，其中横向的两壁壶门之外錾刻天马和卷云，天马身有双翼，造型清瘦，纹样线条优美、飘逸轻盈，卷云纹婉转飞动，盘桓于壶门的两侧，形成造型精巧、纹饰流动的装饰风格，具有阴柔之美。在制作工艺上采用纹饰鎏金，色彩绚丽，并与整套茶器互相匹配协调，折射出大唐帝国宫廷饮茶风尚，也成为其奢华的见证。与西方的运用极为相似，是神兽的一种表现，蕴含人们对未知世界的憧憬和精神寄托，同时也表现了人们对仙界梦境的向往。

图 2.28 法门寺鎏金鸿雁流云纹银茶碾子

鱼纹在《中国工艺美术大辞典》中被称为青铜器纹饰之一，可见其在青铜器上的广泛运用，其形象大多以单线装饰，比较图案化，而在唐代金银器的应用则比较写实，特别到唐代晚期时更加倾向生活化。鱼纹在喀喇沁双鱼罐形银壶、背阴村双鱼纹金长杯、"齐国太夫人"荷叶形银盘、"李勉"圆形银盒、"齐国太夫人"双鱼纹金长杯、西安荷叶形银盘、何家村仕女纹银带把杯、水邱氏银温器等器物中都有应用（见图 2.29、图 2.30、图 2.31、图 2.32、图 2.33、图 2.34、图 2.35、图

2.36),其中在喀喇沁双鱼罐形银壶、背阴村双鱼纹金长杯、"齐国太夫人"荷叶形银盘、"李勉"圆形银盒、"齐国太夫人"双鱼纹金长杯、西安荷叶形银盘、何家村仕女纹银带把杯(见图 2.29、图 2.30、图 2.31、图 2.32、图 2.33、图 2.34、图 2.35)中主要应用为主题纹样,充分体现当时人们的审美趣味,而运用到角隅的很少,只有一个器物——水邱氏银温器(见图 2.36),两类纹样相同之处是大多运用在盘以及与水有关的器物上,如盘、杯、银温器等,大多与莲叶等水生植物结合,既赋予连年有余的含义,也是对现实生活的体现。并且与鱼纹在青铜器上的应用范围相同,以此体现了金属工艺两种类型之间内在的联系。不同之处是主题纹样大多为双鱼,然而水邱氏银温器盘腹中心为凸起莲蓬及叶萼五片,盘沿饰五张卷边荷叶,莲萼和荷叶之间的角隅内各饰游鱼一条,浮游在水波之中,鱼纹就变成了 5 条,鱼和水波纹共同实现对此角隅的装饰。与主题纹样相协调,体现出晚唐时期纹样多样化、程式化的发展方向。同时在这个器物上,鱼纹处于荷花和莲蓬之间,仿佛是一幅俯视荷塘图,是生活的真实写照,体现了唐代晚期装饰风格的转变,更加倾向于写实,这与人们审美趋向的变化有密切的关系。在构图上,鱼和荷叶错落有致分布,实现了阴阳的对立统一,与中心的莲蓬完美融合在一起。顺时针游动的鱼成为整个盘面中最活跃的元素,实现了动静的巧妙结合。另外,这种莲与鱼相结合的题材蕴涵着连年有余的吉祥寓意,是这一时期纹样世俗化的体现。

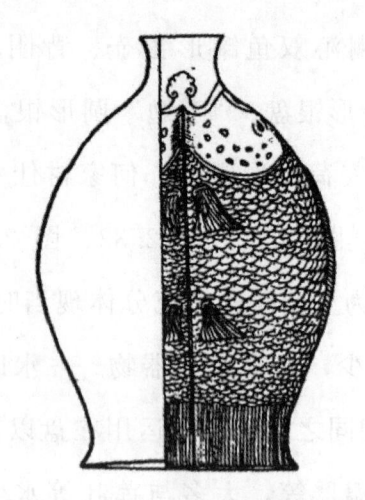

图 2.29　喀喇沁双鱼罐形银壶线图

图 2.30　背阴村双鱼纹金长杯线图

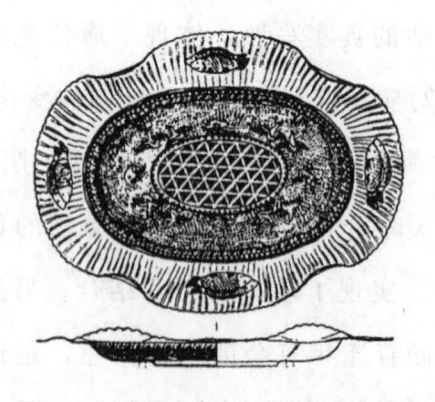

图 2.31　"齐国太夫人"荷叶形银盘线图

图 2.32 "李勉"圆形银盒线图

图 2.33 "齐国太夫人"双鱼纹金长杯杯心图

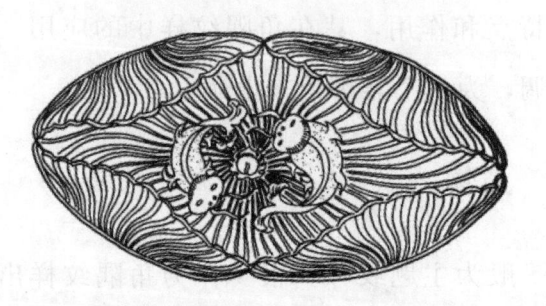

图 2.34 西安荷叶形银盘线图

图 2.35 何家村仕女纹银带把杯杯底图

图 2.36 水邱氏银温器盘面图

总之，在唐代这个以植物为主要装饰纹样的时代，动物纹有着自身的特点和作用，其在角隅纹样中的应用，产生动与静的对立与协调，为整个器物带来生命力。

2.2.3 人物

人物纹一般为主题纹样，很少作为角隅纹样出现，在唐代金银器中亦如此。法门寺金刚界大曼荼罗成身会造像纹方形银盒（见表1.1的图93）是个例外，盒盖嬉、曼、歌、舞内四供

（菩萨）坐落于四角隅，与身旁的西番莲纹共同完成角隅装饰，这种应用是由器物主题决定的。在金刚界曼荼罗中，所有佛和菩萨集聚一堂，呈现出密教教义与实践结合所成就的大千世界，其佛、波罗蜜和菩萨的具体位置主要是密宗道场在教义影响下布局的结果。而人物与植物的结合应用则是对曼荼罗美好世界人性化、世俗化的表现，使之具有自然的活力。

2.2.4 其他

其他这一类型主要包括比较难以归类的纹样种类，包括卷云纹、鱼鳞纹、山石纹、三钴杵、绶带纹、同心结纹、水滴纹、几何纹等 8 个种类，其中以卷云纹运用最多。

原始社会的彩陶、商周的青铜器、汉代的漆器上都有云纹出现。唐宋时，卷云纹被赋予了更多含义，特别是吉祥如意等寓意，其形象上把花、灵芝草和如意的形象融合其内，创造了如意形卷云、灵芝形卷云等，在唐代金银器角隅纹样中亦如此应用，并与主题纹样相适合的过程中，其附加含义延伸出不同的形象，呈现多样化。具体可分为云朵形、云曲形、如意形、变化形四个类型（见表 2.13）。

云朵形造型较简单，相对较写实、浑圆，由两到三个云朵组成，一般适宜放置在很小的角落，大多与其他纹样组合使用，表现生活气息比较浓厚的场景。

云曲形比较倾向于云曲纹，云朵演变为三瓣花形，云朵下有两个向背的卷瓣，云尾比较纤细绵长，装饰感较强，有一种轻柔的感觉，其风格与装饰的主题相呼应。

而如意形则是云头呈如意形，云尾仍保留卷云飘逸、婉转的特征，既赋有吉祥如意的寓意，又使其形象浑圆飘逸，形成既符合唐代装饰特点又适宜审美趣味的应用较广泛的纹样，并因装饰工艺和主题的不同，其形象呈现出不同的变化。比如何家村团花纹金带把杯的如意卷云纹，其上云朵比较圆润、浑厚，以一圈金珠焊接而成，其下的云尾则采用较简单的金丝焊接，金珠的细密与金丝的光滑在装饰的效果上形成了鲜明的对比，卷云纹形象如此主要是工艺特点决定的。法门寺鎏金鸿雁流云纹银茶碾子、禅众寺迦陵频伽四鹤纹金棺中的如意形卷云纹较浑厚，云尾接近云朵形，与其旁边的天马纹或仙鹤纹一起表现仙界梦境的意境。而法门寺宝珠顶单檐四门金塔的卷云纹的形象与前两者相近，以个体单独装饰于门框角隅，主要表现吉祥如意之意。而法门寺鎏金四天王盝顶银盒的如意形卷云纹相比前两者云尾更长，呈缠绕式，给人以云气缭绕、五彩缤纷的感觉，与飞龙主题纹样达到整体上的融合。法门寺五足银炉中的如意卷云纹呈蜿蜒、盘旋之势，分布于套接绶带朵带的销钉及铆接五只兽足之间，充分体现角隅纹强大的适合能力，实现华丽、精美的装饰效果。法门寺银茶罗子上的如意卷云纹，其形象较为僵硬，只利用自身的弯曲、翻卷，独立装饰角隅及对装饰区域分割，形成疏朗、分单元式装饰，在烘托气氛的同时把仙界的广阔感充分地表现了出来。以上例子说明在制作工艺和表现主题两个方面的影响下如意形的变化，并体现了形制对纹样的决定作用。

变化形主要包括各种没呈系列变形形式的卷云纹，何家村莲瓣纹弧腹金碗的卷云纹为云曲形和缠枝结合的形象，纹路圆润、有力，较云曲形卷云纹更有装饰感，与该器物富丽华美的整体风格相适合。何家村折枝纹圜底银碗、何家村银耳杯的卷云纹是云朵形和云曲形两种形式的结合体，既浑厚又圆润，达到了装饰感和气韵的完美结合。沙坡村折腹银碗的卷云纹，其形象较倾向于灵芝，体现了纹样形象对长生崇拜和吉祥寓意的反映。白鹤鸳鸯纹圆形银盒的卷云纹与前者形象有些相似，但没形成灵芝形，更像是两卷云的结合形，是卷云纹的一个变体，从一个侧面体现了纹样的多样化。背阴村人物纹三足银壶呈多条卷云纹组合运用的方式，其形象为多云头云朵形条状卷云纹，采用多条云纹同时安排在角隅中，共同装饰主题人物，营造一个烟云缭绕的梦幻仙境，体现了当时人们对仙界神圣的向往及对主题抒情性的表达。长干寺双头迦陵频伽飞天纹银椁、长干寺迦陵频伽云鹤纹金棺、禅众寺迦陵频伽四鹤纹金棺、禅众寺迦陵频伽云鹤纹银椁、法门寺浙西银盆的卷云纹为一类，形象较粗壮，状似卷草，形似阔叶，云头为如意形，云形内多装饰细线，这与晚唐时期的阔叶及錾刻细线的装饰手法有密切的联系，也是受装饰主题影响的结果，另外如意形云头又把吉祥如意的寓意蕴含在器物中。其中长干寺双头迦陵频伽飞天纹银椁、长干寺迦陵频伽云鹤纹金棺、禅众寺迦陵频伽四鹤纹金棺、禅众寺迦陵频伽云鹤纹银椁这些金棺银椁上的卷云纹，装饰在象征美妙、西方净土的迦陵频伽或仙鹤的四周，把人们对死亡后升入仙界的美好憧憬充分体现了出来，也从一个侧面表现了西方净土崇拜的世俗化和佛教中国化的趋势。

这些卷云纹在形象上的变化，既有制作工艺和主题纹样的影响，也有纹样装饰规律的作用，其中包括从写实到程式化、图案化的过程，并且在其过程糅进了越来越多的元素，如灵芝、如意、烟气、植物等。其应用主要在8世纪到9世纪下半叶之间，特别是在9世纪及下半叶，卷云纹被赋予的含义逐渐增多，纹样造型更加多样化，这与当时审美意识有密切关系，体现了世俗化的趋势。

鱼鳞纹被称为青铜器纹饰之一，形如鱼鳞排列，多作二重线和三重线构成，有些呈方形，常上下数层重叠组成，早见于商代，盛行于西周后期至春秋时期[①]。而在唐代金银器角隅纹样应用中，鱼鳞纹主要应用在蛤形盒的角隅处，形象为数层重叠而成，不过鳞片的装饰已经脱离了线式结构，以比较写实的手法表现，而且在具体应用中三个蛤形盒的鳞片造型也有不同的变化。白鹤宝相花纹蛤形银盒（见图2.37）的鱼鳞纹相对来说比较细密华丽，鳞片由錾刻的圆点组成，更加突现宝相花及忍冬花结枝的富丽精美；大阪忍冬纹蛤形银盒（见图2.38）的鱼鳞纹则比较简练，以单线完成鳞片的外形，与其外錾接直线以及忍冬缠枝纹的主题纹样的装饰手法一致，而且鳞片与外錾直线又组成背面荷叶的形象，实现了纹样的对立统一，也体现了

[①] 吴山：《中国工艺美术大辞典》，第247页，南京：江苏美术出版社，1999。

中国哲学领域对破和立的理解。"郑洵"鸳鸯纹蛤形银盒（见图2.39）作为 8 世纪后半叶的器物，纹样风格更加倾向于写实，鱼鳞边缘以细线錾刻，呈现出立体效果，与写实性的阔叶鹊鸟主题纹样的装饰手法协调一致，具有浓郁的生活气息。总之，鱼鳞纹的应用不仅体现了两种金属工艺种类纹饰设计间的内在联系，而且展现了在唐代不同时期、不同工艺特点影响下的各种变化。

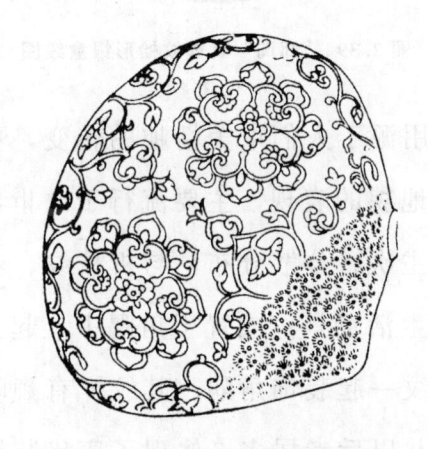

图 2.37　白鹤宝相花纹蛤形银盒线图

图 2.38　大阪忍冬纹蛤形银盒线图

图 2.39 "郑洵"鸳鸯纹蛤形银盒线图

　　山石纹的使用源于人们审美情趣的转变，更加侧重对生活的描写和对自然地貌的表现，主要流行于 8 世纪前半叶。其组织形式，或不分主次、分散分布，与折枝纹、卷云纹及人物纹一起表现狩猎或生活场景；或置于角隅中，起到辅助作用；或与折枝纹、卷云纹一起装饰角隅。其纹样有巍峨高大写实型和图案化山石型，并以后者居多，体现了唐代装饰纹样逐渐程式化的特点。凯波狩猎纹筒腹银高足杯（见图 2.40）的山石纹，山头呈花形，在保留山石本身特征的基础上增加了一层花形的美感，再与卷云纹组合实现角隅装饰，穿插在狩猎人物之间，既起到分割空间的作用，也是对现实狩猎场景的模拟，使画面运动起来，增加了描写的真实感。在何家村仕女纹银带把杯（见图 2.41）中山石纹和折枝花草纹一起把人物纹包围其中，营造了一幅秀丽的自然风景图，体现了一种富闲、自由的生活状态。在何家村方形银盒（见图 2.42）中正面和背面两面都有山石纹的应用，其两面的布局都由中心向外分布，正面主题纹样为一对孔雀，其下部由群山的形式适合角隅，更加突出主题，并完成方形器物外形上的塑造。而背面的画面中央类似圣树的花枝上布满各种宝物，展现出一幅锦绣世界的画面，其外的鹊鸟、卷云分散分布，各居各位，这种陈列式构图也使山石纹的造型发生变化，成为与折枝花草纹组合并加上底座的盆景形式装饰角隅，与较为分散的布局形成对比，完成方形器物的塑造。

图 2.40 凯波狩猎纹筒腹银高足杯角隅图

图 2.41 何家村仕女纹银带把杯角隅图

图 2.42 何家村方形银盒线图（正面和背面）

绶带纹形如绶带系结在一起[①]，交织成十字形式，在唐代金银器中的应用主要在9世纪，既可为主题纹样，也可充当角隅纹样。在法门寺鎏金双凤衔绶纹圈足银方盒（见图2.45）中绶带纹为角隅纹样，呈四瓣花结形，不仅在绶带的形式上增加了花的含义，同时又具有绶带飘逸飞舞之感，题材与中心相对翱翔的双凤口衔的绶带纹相辅相成，在布局上为典型的"剖方成圆"，角隅纹样占据四方，充分体现角隅纹样对器物造型的作用以及对"四方八位"的传统审美意识的体现。而"李郁"绶带纹云头形银盒（见图2.43）中绶带纹与之极为相似，其绶带纹较为浑厚，适形于整个盒面，为主题纹样，从侧面体现了绶带纹在9世纪前半叶的应用。另外"李杆"葵花形银盘（见图2.44）中绶带纹是鸳鸯衔绶主题的体现，形成以绶带为中心的团式折枝纹，是纹样世俗化的显著表现，与法门寺鎏金双凤衔绶纹圈足银方盒中双凤衔绶一样，都表现了对美好事物的向往。

三钴杵纹主要应用于佛教工艺品或壁画上，是一种以金刚法门为供养的法供养的表现。如法门寺银阏伽瓶（见图2.47）的主要装饰为莲瓣纹和三钴杵，除了瓶身四出三钴杵外，在瓶足面莲瓣与足边沿的角隅内也以三钴杵装饰；法门寺鎏金如来盝顶银盒（见图2.48）的盒盖四隅以莲茎上置三钴金刚杵以及背分式缠枝纹共同装饰角隅，这种莲纹与三钴杵相结合的使用充分体现了唐密曼荼罗对法供养的重视，同时与迦陵频伽鸟纹饰所象征的布施一起完成密教的上供下施的实践过程。

[①] 齐东方：《唐代金银器研究》，第155页，北京：中国社会科学出版社，1995年。

另外同心结纹是心形结的组合体，由于同心结形状固定，易于组织，一般多重复组合使用。在"裴肃"葵花形银盘（见图2.46）中，同心花结从大到小排列，形成三角形的同心结组，这种简单形重复的组合方式，处于繁花似锦的花鸟世界里显得简练而朴实，也从题材上体现了人们对良好的社会及人际关系的追求。

图2.43 "李郁"绶带纹云头形银盒绶带纹图

图2.44 "李杆"葵花形银盘绶带纹图

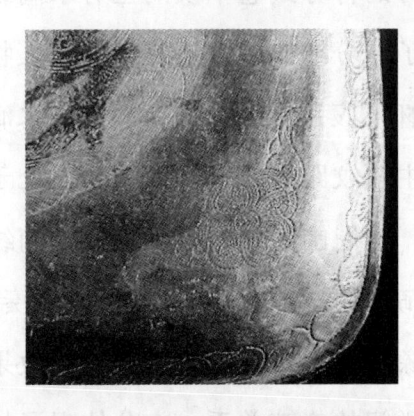

图2.45 法门寺鎏金双凤衔绶纹圈足银方盒绶带纹图

图2.46 "裴肃"葵花形银盘同心结纹图

图 2.47　法门寺银阏伽瓶角隅图　　图 2.48　法门寺鎏金如来盝顶银盒盖图

　　何家村金梳背（见图 2.49）中有水滴纹的应用，是掐丝和焊接的装饰手法作用下的产物，这种手法决定了其纹样大多以线的弯曲和缠绕为主要形态，梳背的抱合式卷草纹及梳脊背的十四朵圆形团花的形象都由扁金丝的弯曲和缠绕完成，并且圆形团花在梳背立面中呈现的半圆形装饰带与绳索纹装饰带间的水滴形纹也是利用金丝弯曲实现的，既装饰了两装饰带间的角隅，产生明快的节奏，也在金丝缠绕和金珠焊接等手法产生的细密精巧中营造一种简练和轻松之感，另外在梳背的背分式卷草纹间也有水滴纹的应用，装饰的统一性以此得到了充分的体现。还有何家村人物忍冬纹金带把杯（见图 2.50）的杯下腹莲瓣纹与圈足间也饰水滴形纹，但其布局与梳背不同，与主题纹距离较远，水滴形纹处于贴近圈足并居于角隅中心的位置，其周围的余白起到突出水滴纹的作用，也使整个装饰带呈现出疏朗的构图，形成明快的节奏，虽与何家村金梳背的水滴形纹形象相似、位置相近，但装饰效果却有很大的区别，主要取决于纹样间的亲疏关系，充分体现了构图技巧的重要性，并展现了一个常用而有效的构图变化方法。

图 2.49 何家村金梳背线图　　图 2.50 何家村人物忍冬纹金带把杯线图

几何纹是小花纹和半花纹的简化纹样，其外形为菱形和三角形，而内部依然保持花心的装饰特点，只是简化为箭头或线，形成更为简练和程式化的纹样类型。其应用也与半花纹相似，应用于丁卯桥鹦鹉纹圆形银盒、丁卯桥四鱼纹菱形银盒、丁卯桥蝴蝶形银盒（见表1.1的图67、图68、图69）的侧面开合部位，主要以不规则形制对几何形的二方连续进行分割，比如菱形和蝴蝶形就会把同样的几何纹二方连续分割为不同弧度的装饰区段，同样的内容呈现出不同的装饰效果，而且观者的观察角度也是装饰感呈现不同的原因，充分体现了程式化纹样组织性强的特点，以及形制对装饰的决定作用。

总之，其他类型中的各种纹样虽然形象上杂乱无章，不成系统，却不同程度上体现了唐代社会、经济和文化的各个层面对金银器装饰的影响，也是唐代装饰纹样异常丰富的体现。

综上所述，唐代金银器角隅纹样题材繁多，以植物纹为主，具有很强的适合性，符合当时人们的审美趣味；而动物纹的作用在于增强器物装饰的活力，使之更加贴近生活。从角隅纹样的丰富变化中，可管窥唐代装饰纹样的多样与繁荣，这既由唐代社会、经济和文化蓬勃发展、全面繁荣的大环境所决定，更与金银器的社会功能及工匠的高超技艺密不可分。

表 2.1　缠枝纹角隅应用表

序号	器物图	名称	器物角隅纹样分析
1		纳尔逊莲瓣纹弧腹银高足杯	口沿饰缠枝花纹，与承盘、喇叭圈足面、莲瓣内的缠枝花枝纹相呼应。
2		纽约双莲瓣纹弧腹银高足杯	口沿饰缠枝花纹，与承盘、喇叭圈足面、莲瓣内的缠枝花纹相呼应。
3		白鹤莲瓣纹弧腹银高足杯	口沿与莲瓣之间饰缠枝。
4		大和文华飞鸟纹花瓣形银盒	盒边处六个三角形的桃形区域，饰飞鸟、卷云、折枝花草纹等。

（续表）

序号	器物图	名称	器物角隅纹样分析
5		何家村龙凤纹弧腹银碗	背分式缠枝纹分别与碗沿和碗底边之间饰单枝牡丹纹。
6		水邱氏人物纹四足银壶	壶腹柿状区间之外与壶侧通足之间上部两角隅饰缠枝纹。
7		鎏金鹦鹉纹云头形银粉盒	盒盖角隅饰缠枝花纹。
8		法门寺双狮纹花瓣形银盒	内菱弧形之内四角隅分别填以一西番莲缠枝纹。

表 2.2　Ⅰ式折枝花草纹角隅应用表

序号	器物图	名称	器物角隅纹样分析
1		白鹤莲瓣弧腹银碗	口沿下饰奔狐和折枝花草纹。
2		弗利尔莲瓣纹弧腹银碗	口沿下錾羊、兔、鹊鸟以及折枝花草纹、卷云。
3		纽约莲瓣纹弧腹银碗	口沿与莲瓣之间饰羊、鹿、凤鸟等动物纹及卷云、折枝花草纹。
4		俞博莲瓣纹弧腹银碗	口沿与莲瓣之间饰飞鸿、奔狐、折枝花草纹、蝴蝶、卷云。
5		耶鲁莲瓣纹折腹银高足杯	折棱与桃形莲瓣之间饰折枝花草纹。

| 第 2 章 | 题材分类

(续表)

序号	器物图	名称	器物角隅纹样分析
6		凯波莲瓣纹折腹银高足杯	杯沿与莲瓣之间以及折棱与桃瓣之间饰折枝花草纹。
7		圣·路易斯莲瓣纹折腹银高足杯	折棱与桃形莲瓣之间饰折枝花草纹(并不清晰,欠考证)。
8		白鹤联珠纹折腹银高足杯1	杯沿与莲瓣以及折棱与桃形瓣饰折枝花草纹和卷云。
9		白鹤联珠纹折腹银高足杯2	杯沿与莲瓣以及折棱与桃形瓣饰折枝花草纹。
10		沙坡村莲瓣纹弧腹银高足杯	杯上沿与莲瓣之间饰折枝花草纹、卷云纹、蝴蝶纹。

109

(续表)

序号	器物图	名称	器物角隅纹样分析
11		凯波狩猎纹筒腹银高足杯	主题纹样之间饰山石、动物、折枝花草纹和卷云纹形成组合角隅纹样。
12		何家村狩猎纹筒腹银高足杯	主题纹样之间饰山石、动物、折枝花草纹和卷云纹形成组合角隅纹样。
13		何家村仕女纹银带把杯	杯沿与杯腹以及杯壁与八瓣仰莲之间饰折枝花草纹、山石或飞鹿。三角指垫中凸起的圆片周围饰折枝花草纹。
14		凯波双鸳纹圆形银盒	盒盖和盒底莲瓣与盒沿角隅之间饰折枝花草纹。
15		何家村乐伎纹银带把杯	八棱杯壁中执杯者和空手舞者画面，人物下方左右角隅与棱底间都饰单株折枝。

表2.3　Ⅱ式折枝花草纹角隅应用表

序号	器物图	名称	器物角隅纹样分析
1		何家村方形银盒	正面中心孔雀纹下方左右两角饰山峰，其上右上角饰卷云和折枝花草纹。 背面纹饰下部左右两角以盆景式纹饰（山石和折枝花草纹）填充。 左侧面下方左右两角饰折枝花草纹和卷云纹，左上角饰一单株折枝。 右侧面右下角饰一单株折枝。
2		异兽纹银盒	底心簇花一株，外绕大小各两株的背分式折枝花草纹。

111

(续表)

序号	器物图	名称	器物角隅纹样分析
3		何家村莲瓣纹弧腹金碗	口沿下与莲瓣之间錾鹊鸟和卷云和折枝花草纹。

表 2.4 Ⅲ式折枝花草纹角隅应用表

序号	器物图	名称	器物角隅纹样分析
1		何家村鹦鹉纹提梁银壶	团式主题纹样之间饰单株折枝花草纹。
2		哈·克·李鹦鹉纹蛤形银盒	三角形蛤形一角饰折枝花草纹，并有小鹊两只飞翔其中。
3		喀喇沁鹿纹银瓶	瓶身圆形徽章式纹样四角装饰折枝花草纹。

(续表)

序号	器物图	名称	器物角隅纹样分析
4		凤鸟纹水滴	壶腹三个装饰面中，椭圆形装饰区与面的分界线之间上下各饰一枝阔叶折枝纹。
5		繁峙折枝纹提梁银壶	壶腹部饰有四组折枝纹，余白填以单株折枝团花（纹饰有破损，辨别不清）。
6		西安折枝纹银唾壶	盘面四株扁团花之间上下分饰折枝花和折枝萱草纹。壶外壁依曲棱在曲棱的上下方分饰折枝花和折枝萱草纹。

表 2.5 折枝串花纹角隅应用表

序号	器物图	名称	器物角隅纹样分析
1		西安摩羯纹金长杯	四个装饰区中两侧角各有折枝串花纹一株，装饰中心的团式折枝花纹。

113

(续表)

序号	器物图	名称	器物角隅纹样分析
2		芝加哥荷叶纹多曲银碗	碗腹呈四瓣，瓣缝以两组阔叶与两个花头组成的下垂纹饰装饰主题纹样。
3		丁卯桥凤纹花瓣形银盒	花瓣形盒的花尖三角区域饰折枝花纹。
4		法门寺浙西银盆	盆壁自盆口凹曲处至盆底竖列凸棱，将盆壁分作四瓣，每瓣内錾两朵横列的阔叶石榴团花，团花之外衬以卷云和三角阔叶折枝串花纹。

表 2.6　十字折枝纹角隅应用表

序号	器物图	名称	器物角隅纹样分析
1		枣园村双凤纹葵花形银盘	盘边团式折枝纹之间饰十字折枝纹，对装饰区域起到分割作用。

114

（续表）

序号	器物图	名称	器物角隅纹样分析
2		凯波团花纹圜底银碗	碗内底心在四出团花与丁字形折枝花纹之间饰十字形折枝纹。

表 2.7 花结角隅应用表

序号	器物图	名称	器物角隅纹样分析
1		凯波立鸟纹折腹银高足杯	杯沿与莲瓣以及折棱与桃形花结之间饰忍冬纹；桃形花结与杯腹底之间饰桃形花结；圈足沿与桃形花结之间饰桃形花结。
2		白鹤宝相花纹花瓣形银盒2	盒沿与莲瓣纹之间饰桃形忍冬花结。
3		鎏金仙鹤翼鹿纹银盒	外围荷叶石榴花结与盒沿之间填以桃形忍冬花结。
4		莲瓣纹三足银壶	壶盖由十二个莲瓣组成，莲瓣与盖沿之间饰桃形忍冬花结。

115

(续表)

序号	器物图	名称	器物角隅纹样分析
5		何家村飞狮纹圆形银盒	盒底宝相花纹之间饰忍冬花结枝。
6		白鹤宝相花纹花瓣形银盒1	口衔花草的鸳鸯纹和石榴形花结间隔分布于盒沿与桃形花结之间。
7		石榴花结银方盒	四角各有一个石榴花结。
8		何家村石榴纹圆形银盒	单从盒盖的观察角度来说，两出石榴花结加上其上垒接的三枚石榴花结形成的三角形状石榴花结枝以角隅纹样的形式，填充于六株柿状花结构成的八朵团花之间，与飞鸟一起起到分割和修饰的作用；而从盒侧面的角度来说，则六枚石榴花结组成的花结枝填充于八朵团花之间，并且与下盒沿伸出的团花上下对应，形成圆形空间，从而修饰盒侧面的主题团花。

表 2.8 团花纹角隅应用类型表

团花类型	器物
四分之一团花纹	何家村银耳杯
扁团花纹	喀喇沁狮纹葵花形银盘
单瓣团花纹	韩森寨莲瓣纹折腹银高足杯　鎏金蔓草花鸟纹高足银杯　沙坡村莲瓣纹折腹银高足杯

表 2.9 莲荷纹角隅应用表

序号	器物图	名称	器物角隅纹样分析
1		弗利尔狩猎纹筒腹银高足杯	杯沿下与有人物相间隔的莲瓣之间均錾竖式莲花一株。

（续表）

序号	器物图	名称	器物角隅纹样分析
2		何家村仕女纹银带把杯	下腹的八瓣仰莲与近圈足处饰一周荷花。
3		法门寺鎏金如来盝顶银盒（宝函）	盒顶部的斜刹面装饰带中，西番莲花纹作为角隅纹样填于双飞天与外沿的余白之处。
4		法门寺六臂观音纹方形金盒（宝函）	顶面正中錾相向翱翔之双凤，余白填有西番莲纹为角隅纹样。
5		法门寺双狮纹花瓣形银盒	内外菱弧形成的角隅区域饰背分式西番莲纹样。内菱弧形之内四角隅分别饰一西番莲缠枝纹。

第 2 章 | 题材分类

（续表）

序号	器物图	名称	器物角隅纹样分析
6		鎏金鸳鸯纹银盒	盒盖和盒底桃形忍冬花结与盒沿之间饰莲瓣纹。
7		何家村凤鸟纹圆形银盒	盖面八朵石榴花结与盒沿之间饰莲瓣纹。
8		法门寺金刚界大曼荼罗成身会造像纹方形银盒（宝函）	盝顶四角隅为嬉、曼、歌、舞内四供（菩萨），与其身旁的西番莲纹共同完成角隅装饰；方坛外每边佛像之间角隅饰西番莲纹；宝函四个侧面的曼荼罗中主尊与上方左右菩萨之间角隅饰西番莲纹，还有右侧面、左侧面的曼荼罗的上方左右金刚菩萨与边角之间的西番莲纹形成角隅区域。
9		何家村独角兽纹圆形银盒	盒沿与忍冬花结之间饰荷叶纹。

119

（续表）

序号	器物图	名称	器物角隅纹样分析
10		"宣徽酒坊"莲瓣纹弧腹银碗	碗腹装饰三层莲瓣纹，其与碗沿之间一层带有一条联珠纹的莲瓣，其上深刻莲筋，即背面莲瓣纹。
11		法门寺莲瓣多曲银碗	碗边沿与腹部莲瓣之间饰联珠莲叶纹。
12		法门寺盆形银炉	底座上部锤揲的莲瓣之间饰荷叶纹。
13		法门寺银盐台	盐台盘边莲瓣之间饰联珠錾刻一周的莲叶纹。
14		法门寺乐伎纹银香宝子	器身下部莲瓣托的上层莲瓣与中部装饰带形成的角隅区域饰錾有联珠和细线的莲瓣纹。

（续表）

序号	器物图	名称	器物角隅纹样分析
15		法门寺人物纹银香宝子	器身下部莲瓣托的上层莲瓣与中部装饰带形成的角隅区域饰錾有联珠和细线的莲瓣纹。
16		法门寺迦陵频伽纹银棺	上层台座莲瓣纹之间饰联珠莲叶纹。

表 2.10　宝相花纹角隅应用表

器物图	名称	器物角隅纹样分析
	何家村方形银盒	盒顶面的四角以三出云勾瓣宝相花纹、卷云和飞鸟组合装饰。

表 2.11　云曲纹角隅应用类型表

Ⅰ式	Ⅱ式
凯波缠枝纹银带把杯、白鹤莲瓣弧腹银碗、弗利尔莲瓣纹弧腹银碗、纽约莲瓣纹弧腹银碗、俞博莲瓣纹弧腹银碗	何家村莲瓣纹弧腹金碗

121

表 2.12　飞鸟纹角隅应用表

序号	器物图	名称	器物角隅纹样分析
1		弗利尔葡萄纹圆形银盒	盒盖左上位置盒沿与卷草纹之间饰飞鸟（右上位置）。
2		大和文华飞鸟纹花瓣形银盒	盒边处六个三角形的桃形区域，饰飞鸟、卷云、折枝花草纹等。
3		何家村莲瓣纹弧腹金碗	口沿下与莲瓣之间錾鹊鸟和卷云和折枝花草纹。
4		弗利尔莲瓣纹弧腹银碗	口沿下錾羊、兔、鹊鸟以及折枝花草纹、卷云。
5		俞博莲瓣纹弧腹银碗	口沿下之余白饰飞鸿、奔狐、折枝花草纹、蜂蝶、卷云纹。

（续表）

序号	器物图	名称	器物角隅纹样分析
6		何家村石榴纹圆形银盒	盒盖沿与八朵石榴花结之间饰忍冬花结枝、飞鸟、卷云和蜂蝶。
7		何家村方形银盒	顶面的四角以三出云勾瓣宝相花纹、卷云和飞鸟组合装饰。
8		瑞典鸾鸟纹蛤形银盒	蛤形银盒呈三角形，下部两侧填以相对飞翔的雀鸟，底衬以缠枝萱草纹，共同装饰角隅区域。
9		水邱氏人物纹四足银壶	壶腹柿状区间之外以及与壶侧通足之间上部两角隅填以缠枝纹，下部两角隅也填以向上飞翔的飞禽一只。
10		何家村乐伎纹银带把杯	八棱杯壁一横拿排箫乐者的装饰面，人物上部左上角饰一衔花飞鸟纹。

123

表 2.13　卷云纹角隅应用类型表

云朵形	云曲形	如意形	变化形
凯波狩猎纹筒腹银高足杯	何家村狩猎纹筒腹银高足杯	何家村团花纹金带把杯	何家村莲瓣纹弧腹金碗
白鹤联珠纹折腹银高足杯1	弗利尔莲瓣纹弧腹银碗	法门寺鎏金四天王盝顶银盒	何家村折枝纹圜底银碗、何家村银耳杯
何家村方形银盒	纽约莲瓣纹弧腹银碗	法门寺鎏金鸿雁流云纹银茶碾子、禅众寺迦陵频伽四鹤纹金棺	背阴村人物纹三足银壶
沙坡村莲瓣纹弧腹银高足杯	俞博莲瓣纹弧腹银碗	法门寺宝珠顶单檐四门金塔	沙坡村折腹银碗、白鹤鸳鸯纹圆形银盒
		法门寺银茶罗子、法门寺五足银炉	长干寺双头迦陵频伽飞天纹银椁、长干寺迦陵频伽云鹤纹金棺、禅众寺迦陵频伽四鹤纹金棺、禅众寺迦陵频伽云鹤纹银椁、法门寺浙西银盆

第 3 章
区域分类

第 3 章

区域分类

在依题材对唐代金银角隅纹样的初步分类基础上，本章将以装饰单元内外细化器体装饰类型，在分析过程中注重社会历史、文化、地域等方面的影响，分析角隅纹样各类型分布特点、演变过程及形成原因。

3.1 装饰单元外的角隅类型

3.1.1 装饰单元间

3.1.1.1 莲瓣纹间

7世纪中叶及后半叶纳尔逊莲瓣纹弧腹银高足杯、纽约双莲瓣纹弧腹银高足杯，7世纪后半叶白鹤莲瓣纹弧腹银高足杯、何家村莲瓣纹弧腹金碗，7世纪末、8世纪初白鹤莲瓣弧腹银碗、弗利尔莲瓣纹弧腹银碗、纽约莲瓣纹弧腹银碗、俞博莲瓣纹弧腹银碗，8世纪前半叶耶鲁莲瓣纹折腹银高足杯、凯波莲瓣纹折腹银高足杯、凯波立鸟纹折腹银高足杯、圣·路易斯莲瓣纹折腹银高足杯、白鹤联珠纹折腹银高足杯（两件）、韩森寨莲瓣纹折腹银高足杯、沙坡村莲瓣纹弧腹银高足杯、沙坡村莲瓣纹折腹银高足杯、鎏金蔓草花鸟纹高足银杯、弗利尔狩猎纹筒腹银高足杯、白鹤宝相花纹花瓣形银盒（两件）、凯波双鸳纹圆形银盒，9世纪前半叶"宣徽酒坊"莲瓣纹弧腹银碗，9世纪后半叶法门寺银阏伽瓶、法门寺莲瓣多曲银碗、法门寺银盐台、法门寺乐伎纹银香宝子、法门寺人物纹银香宝子、法门寺盆形银炉、法门寺迦陵频伽纹银棺、凯波团花纹圜底银碗等，这些器物隶属于不同时期，而它们的共同特点是器物装饰中都有莲瓣纹的应用，有的莲瓣纹成为影响器物形制的主要因素，成为装饰区域划分的主要依据，基于装饰纹样进行组织和布局，主题纹样分布在莲瓣纹之内，而莲瓣纹与器皿边沿间的角隅，以角隅纹样装饰；还有外来文明影响下凸棱与莲瓣纹相结合的特殊形制，使构图特别是角隅纹样呈现出不同的布局特点。在运用器物方面包括杯、碗、盒、瓶、盘、壶、香宝子、炉、棺等九种器物形制，根据不同形制和纹样分布特征，角隅纹样具有不同的变化。

1. 单层莲瓣纹间

纳尔逊莲瓣纹弧腹银高足杯、纽约双莲瓣纹弧腹银高足杯、白鹤莲瓣纹弧腹银高足杯（见表1.1的图1、图2、图4）是单层莲瓣纹应用的器物，其角隅区域仅存于莲瓣纹与杯沿间，纹样大多是忍冬缠枝纹，一方面与主题纹样起到呼应的作用，一方面忍冬缠枝纹以茎、叶三出形式组成装饰单元，既易适合三角区域，又能够左右相连，起到连接莲瓣纹和完整杯沿造型的作用。

而白鹤莲瓣弧腹银碗、弗利尔莲瓣纹弧腹银碗、纽约莲瓣纹弧腹银碗（见表1.1的图11、图12、图13），三个器物同样是单层莲瓣纹，但由于形制为碗，与杯有着形制及装饰上不同的特点，所以莲瓣纹有着不同的形象，纹样构图也有着不同的变化。杯是人拿在手中和放在桌上的器物，由于人们欣赏视点的要求，再加上拜占庭等外来文明的影响，高足杯的杯口较小，杯腹一般设计得较高，由此决定了如果以单层莲瓣型装饰，单层莲瓣型则大面积占据杯腹，其形较高瘦。而碗不同，因为实用的功能要求，碗口一般较大，碗腹相对较低，碗腹的装饰带呈既宽又窄的状态，又因人的视点角度，碗腹装饰的重点在碗腹的中部，所以碗的莲瓣纹就变得既矮又胖了，也就增加了莲瓣纹与上下碗沿间的装饰面积，其间纹样可较杯有更多的内容和变化，并在碗体形成碗沿、莲瓣纹间和圈足三条角隅装饰带。即莲瓣纹与上碗沿间角隅分别刻羊、鹿、凤鸟等禽兽，周围填以折枝、卷云等纹样，形成植物和动物的组合角隅纹样；莲瓣纹间角隅以单枝折枝装饰；圈足上錾刻的大叶忍冬云曲的间隔中填充云曲纹。一方面使主题纹样与辅助纹样的主次分明，疏密适宜；另一方面角隅纹样之间相映成趣，充分体现了唐代金银器装饰纹样早期花纹纤细茂密、满地装饰的特点，既富丽丰满，又清新活泼，具有明显的东方色彩和风格。

2. 多层莲瓣纹间

何家村莲瓣纹弧腹金碗、沙坡村莲瓣纹弧腹银高足杯、"宣徽酒坊"莲瓣纹弧腹银碗、凯波团花纹圜底银碗（见表1.1的图7、图24、图78、图88），其器体以锤揲法在器壁打压出两层或三层莲瓣纹进行装饰，并凸出器面，是唐代金银器凸瓣纹应用的典型器物。并且三者制作于唐代早、中、晚不同时期，充分体现了凸瓣纹在不同时期的装饰特点及演变过程。

　　唐代的凸瓣纹相比伊朗风格的凸瓣纹来说没有较高的膨起，相比粟特风格凸瓣纹的低膨起更较低平，成为纹饰间起区划作用的分割线，形成几层莲瓣的装饰效果，而凸瓣内的装饰沿用粟特在凸瓣上饰以小花的手法，并且把这点发挥至极致，7世纪后半叶何家村莲瓣纹弧腹金碗（见表1.1的图7）是这一手法经典的体现，充分体现了外来文明的影响。其碗壁锤揲出两层莲瓣，上层莲瓣内分别刻出狐、兔、獐、鹿、鹦鹉、鸳鸯等动物，周围散缀折枝；下层莲瓣内刻出忍冬花结。口沿与莲瓣间饰以鹊鸟、卷云和折枝。还有碗下腹的下层莲瓣与圈足间饰云曲纹，圈足几何纹的二方连续装饰带及碗内底中心团花与莲瓣间饰花尖纹。这些纹饰依据莲瓣纹进行莲瓣内外的装饰，使器物呈现出异常华美、富丽的装饰效果。8世纪前半叶的沙坡村莲瓣纹弧腹银高足杯（见表1.1的图24）虽然器壁也锤揲出两层莲瓣纹，却呈现出不同的装饰风格，其原因在于莲瓣内外装饰纹样的风格不同。它以折枝、飞鸟、蜂蝶等纹样分散装饰于莲瓣内外，其动物纹与植物纹没有明显的主次之分，飞鸟、蜂蝶呈飞舞之势，使整个器体装饰富有生命的动感，体现了轻松和自由的装饰特点，还有其莲瓣没有对卷的忍冬叶装饰，使纹饰间分割线的作用更加明显，使之结构清晰，虽不如何家村莲瓣纹弧腹金碗华丽却增加了清新活泼的视觉感受。这两种风格的形成，除了装饰题材内容的差异，还体现了凸瓣纹逐渐简化的演变方向，也是时间上纹样演变的表现。还有凯波团花纹圜底银碗（见表

1.1的图88）腹部锤揲出三层莲瓣，花瓣中饰一折枝，其上有口衔十字花绶带双鸟，是9世纪后半叶莲瓣纹装饰的一种方式，虽然形式与前两者相近，但其程式化的折枝、衔绶双鸟却是晚唐时期的典型装饰，从纹样的演变方面体现了唐代前后时期不同的特点。而9世纪前半叶"宣徽酒坊"莲瓣纹弧腹银碗（见表1.1的图78）的莲瓣纹较前三者简化，其内外没有了其他纹饰，仅凸起的莲瓣纹为碗腹的装饰，并形成器物表面的凹凸变化，既实现了以饰为型，也完成了以型代饰，达到形制与纹饰的完美结合。虽然"宣徽酒坊"莲瓣纹弧腹银碗和凯波团花纹圜底银碗同属于9世纪器物，但莲瓣纹较简化，并且纹样内容和构图有很大的区别，"宣徽酒坊"莲瓣纹弧腹银碗的折枝和莲瓣形象较粗犷，构图较清晰；而凯波团花纹圜底银碗较细腻，构图密不透风，装饰浑然一体，体现了南北装饰的地域特点。

以上四者的莲瓣纹呈逐渐简化的趋势，其外的角隅纹也随着逐渐简化，何家村莲瓣纹弧腹金碗以鹊鸟、卷云和折枝装饰角隅，和主题纹样一样装饰华丽、饱满；沙坡村莲瓣纹弧腹银高足杯则以折枝及其外左右相对蝴蝶或卷云的组合纹样装饰角隅，虽与莲瓣纹内装饰题材相近，但其构图较为规则，利用左右对称在动中形成稳、静的感觉，增强杯壁装饰的稳定感；"宣徽酒坊"莲瓣纹弧腹银碗以背面莲叶纹装饰角隅，既与莲瓣纹达到了题材的统一，也实现了装饰效果的对比。总之，不论是从莲瓣纹的演变还是角隅纹的变化都充分体现了纹样逐渐规范、程式化的演变规律。另外同样是三层莲瓣纹，在俞博莲瓣纹弧腹银碗（见表1.1的图14）中其布局又有新的变化，三层莲瓣纹大小不等，第一层莲瓣纹分布在第二层相交莲瓣纹的双肩上，并且高度与其持平，从而把碗沿与莲瓣纹间的角隅一分为二，使装饰更加密集，丰富了角隅纹样的内容，而且增加了器体的装饰层次，使器物呈现出比同类碗更加富丽、精美的装饰效果。

还有弗利尔狩猎纹筒腹银高足杯（见表1.1的图26）因运用模冲装饰手法形成大小两层莲瓣纹，上层莲瓣呈三角形，均錾竖式莲花一株，是一两层莲瓣纹的个例。而到了晚唐时期，凸瓣更加简化，成为只有莲瓣特征而无凸瓣效果的一种纹样形式，或以錾刻手法实现多层莲瓣叠加的装饰效果，或仅仅利用锤揲工艺实现浮雕的装饰风格，法门寺莲瓣多曲银碗、法门寺银盐台（见表1.1的图98、图107）就是晚唐时期凸瓣纹简化版的典型器物，充分体现了晚唐时期纹样装饰程式化特点。而莲瓣间角隅的作用已不同于凸瓣间以纹样填补角隅仅起到单纯的装饰作用，而是独当一面，实现对碗沿和盘沿形的塑造，表现了角隅纹强有力的一面。

这种简化的莲瓣纹还有一个运用方式，就是组成装饰带，实现器物的装饰作用。如咸阳缠枝纹金注壶、法门寺盆形银炉、法门寺乐伎纹银香宝子、法门寺人物纹银香宝子、法门寺迦陵频伽纹银棺（见表1.1的图77、图104、图108、图109、图111）。其中咸阳缠枝纹金注壶、法门寺乐伎纹银香宝子、法门寺人物纹银香宝子（见表1.1的图77、图108、图109）的莲瓣纹已经退出影响器物形制的主要位置，利用多层莲瓣及其上的荷叶角隅形成装饰带完成器物下腹部的装饰，使器物呈现结构分明、整体统一的装饰风格。法门寺盆形银炉（见表1.1的图104）应用单层凸瓣与荷叶角隅完成炉座上部的带状装饰，既在造型上完成了盆向炉座的过渡，同时凸瓣为炉座表面增加了装饰层次，实现了由饰向型的转变，多装饰手法的并用充分体现了晚唐时期装饰工艺的娴熟。另外法门寺迦陵频伽纹银棺（见表1.1的图111）的棺座也是单层莲瓣与荷叶角隅的应用，不同在于其作用是完成器物部位的装饰，以装饰带把棺体和有壸门装饰的下棺座连接起来，既增加了装饰层，也给比较疏朗的棺体装饰增加了富丽的点睛之笔，同时又把莲所蕴含的纯净及人们对佛教极乐世界的憧憬融入器物中，实现了意识与器物的完美结合。而且器物因部位特点分别进行装饰的方法，也体现了晚唐时期装饰技艺和意识的成熟，实现了器物设计中因型设饰、以饰造型的境界。

耶鲁莲瓣纹折腹银高足杯、凯波莲瓣纹折腹银高足杯、凯波立鸟纹折腹银高足杯、圣·路易斯莲瓣纹折腹银高足杯、白鹤联珠纹折腹银高足杯（两件）、韩森寨莲瓣纹折腹银高足杯、鎏金蔓草花鸟纹高足银杯、沙坡村莲瓣纹折腹银高足杯（见表1.1的图15、图16、图17、图18、图19、图20、图21、图22、图23），属于唐代金银器高足杯中较特殊的类型，是受西方影响较明显的一类，特别是高足杯腹部带折棱的做法，在中国传统的杯类器皿中少见，但随中国化进程，折棱也逐渐消失。而折棱的出现，却为角隅区域的分布带来了新的类型。折棱打破了杯腹的单一造型，使之一分为二，形成上腹和下腹两个装饰区，也因为高足杯腹底类似圜底碗的特点，下腹的装饰区显得更加圆润，所以下腹的莲瓣纹多呈桃形瓣，与上腹的直形莲瓣有着风格上的区别。而这一点区别，使高足杯既不失磅礴气势，又温润典雅。同时相应的上腹莲瓣纹与杯沿间的角隅区域，及下腹莲瓣纹与折棱形成的角隅区域也有细微的变化，其间填以折枝、卷云或单瓣团花，使装饰呈现出丰富的变化。其中两件白鹤联珠纹折腹银高足杯的联珠纹串成的折棱与其他器物相异，以此更体现了外来文明影响的强烈。

在另外两个器形——盒和壶中，莲瓣纹被赋予了新的作用，即分割装饰区域。例如白鹤宝相花纹花瓣形银盒（两件）、凯波双鸳纹圆形银盒、莲瓣纹三足银壶（见表1.1的图42、图43、图34、图53），它们的形制不论是圆形还是花瓣形，作为主要地位的莲瓣纹都对装饰区域进行了划分，使莲瓣纹与边沿间产生角隅，增加装饰区域形的变化，其间填充花结或飞鸟，增添了蓬勃的生气。另外在装饰的方向上有了新的突破，器物的莲瓣纹采用由内向外发散的构图，使画面产生相外扩张、力量散发的视觉效果，而这四个器物的角隅区域却有两种方向，白鹤宝相花纹花瓣形银盒2和凯波双鸳纹圆形银盒（见表1.1的图43、图34）采用与莲瓣纹相同的方向，在纹样的选择上也采用与主题纹样相似的纹样，使画面更加统一，并增强了扩张感；而白鹤宝相花纹花瓣形银盒1和莲瓣纹三足银壶（见表1.1的图42、图53）则采用向内的方向，构图上的方向冲突，一方面产生向内收缩的视觉感受，对器外形起到塑造的作用，另一方面这种冲突使画面孕育了生机，丰富了画面，实现了对立中的和谐。而且纹样以飞鸟和花结间隔分布，不仅增加了纹样内容，也增加了动感和节奏感，更凸现唐代装饰纹样浓烈的生活气息。

另外还有莲瓣纹作为非主要装饰的器物，如何家村仕女纹银带把杯（见表1.1的图29），莲瓣纹已经撤退到次要的位置，成为主题纹样的附属装饰。随着历史的进程与佛教的中国化及社会经济关系的变化，莲花题材逐渐丧失了宗教意义，而成为优美的纯装饰性题材。而杯体下腹的八瓣仰莲纹与圈足间的角隅内饰一周荷花，更表现了生活化的一面，是佛教的影响及佛教中国化进程的体现，本器物就是这一过程中的产物。

总之，莲瓣纹间角隅纹样的分布是随着莲瓣纹本身的演变、形制的变化及在各类型器物中位置改变而变化，主要作用是完整器物装饰，丰富装饰层次，实现器物外形的塑造。

3.1.1.2 开光间

开光装饰是在器身部分开出圆形、方形、菱形、扇形的空白区域，四周布满纹样的装饰方法。虽然开光是在宋代命名并首次作为一种装饰方法提出的，但早在新石器时代的大汶口文化时期的几何纹彩陶缶，就可见开光这一装饰手法的端倪。同时期的青铜器、玉器上也可见类似于开光的装饰手法的运用，到了唐代，开光的形式越来越明显。开光装饰的优点在于使装饰区内的图案首先冲击人的视觉，其他纹饰起到背景的作用，与通景式构图相比，开光装饰能更好地突出主体物，使作品有主有次，同时丰富画面构图，打破了传统构图形式，增加了作品的观赏性，使画面更活泼新颖[1]。正因为开光装饰的特点，在器物条形装饰带中与中心纹样结合最好的纹样就是角隅纹样。一方面角隅纹样的三角形灵活多变，可比较容易控制纹样布局，另一方面其适合性可更好地实现与中心纹样强烈对比的效果。方形与圆形的结合，使中国图案体现了直与曲、动与静、刚与柔、坚与硬等许多对立因素的统一，使图案构成极具变化又很协调。方圆的意境反映了中国传统文化的审美标准[2]。所以开光区域周围的角隅纹饰是比较重要的角隅类型。8世纪前半叶的何家村团花纹金带把杯、何家村飞狮纹圆形银盒、何家村石榴纹圆形银盒、白鹤宝相花纹蛤形银盒、凯波莲花纹罐形银壶、何家村鹦鹉纹提梁银壶，8世纪后半叶的喀喇沁狮纹葵花形银盘、"裴肃"葵花形银盘、喀喇沁鹿纹银瓶、丁卯桥鹦鹉纹圆形银盒、丁卯桥四鱼纹菱形银盒、丁卯桥蝴蝶形银盒、西安鹦鹉纹海棠形银盒、蓝田鹦鹉纹云头形银盒、凯波荷叶形银盒，9世纪前半叶的鎏金鹦鹉纹云头形银粉盒，9世纪后半叶的枣园村双凤纹葵花形银盘、法门寺浙西银盆、繁峙折枝纹提梁银壶、西安折枝纹银唾壶（见表1.1的图30、图39、图40、图44、图52、图55、图64、图65、图66、图67、图68、图69、图70、图71、图72、图79、图87、图99、图100、图101），这些器物都有开光

---

[1] 蔡花菲、费飞：《论"开光"装饰的艺术价值——从开光的产生、发展、演变谈起》，载《景德镇陶瓷》，2005（2），第23页。
[2] 蔡光洁：《格律与自由——从染缬艺术看中国民间图案之美》，载《丝绸》，2005（3），第46页。

装饰的应用。

在这些器物开光装饰的应用中，何家村飞狮纹圆形银盒、何家村石榴纹圆形银盒（见表1.1的图39、图40）较为典型，其精细的形象、巧妙的构思，充分体现了唐代纹样饱满端庄、雍容华贵、富丽堂皇的艺术特色。其中，何家村石榴纹圆形银盒（见表1.1的图40）的纹样设计最为富丽、精巧，并形成了盒盖、底和盒侧面的互动和结合，完成了整体统一的装饰效果。具体来说，盒盖中心为一朵八出团花，向外第二重为八枚忍冬石榴花结，第三重为六株柿状花结构成的八朵团花，团花心均有衔草翱翔的鸿雁一只。仅这三重的团花布局已凸现出唐代华丽、精美的装饰特点，而其精巧之处在于团花间角隅的处理。仅从盒盖或底的角度，角隅纹样是由两枚石榴花结与花枝串接而成的花结枝，装饰于六株柿状花结构成的八朵团花之间，起到分割和修饰的作用；而从盒侧面的角度，上下开合时都为三出石榴花结和两出石榴花结枝错落分布的二方连续装饰带，闭合时上下两个三出石榴花结形成六枚石榴花结团花形象，而两两相对的两出石榴花结枝则成为角隅纹装饰于这些团花间，形成对团花的包围之势，既起到装饰的作用，又起到装饰区域分割的作用。本来四出石榴花结枝被盒的顶面和侧面切割运用，既服务于顶面、底面，也服务于侧面，都形成三角形灵活的角隅区域，与圆润的团花形成鲜明对比，再加上上下相错构图，使所有的纹样都活动起来，使盖、侧面、底面产生互动，完成浑然一体之感，使我们不得不为这巧妙构思和精湛的技艺震撼和叫好。

喀喇沁狮纹葵花形银盘、"裴肃"葵花形银盘、枣园村双凤纹葵花形银盘（见表1.1的图64、图65、图87）属于一类，其开光装饰的中心纹样都为团式的折枝，随葵花形制单独成为装饰单元，为盘心第二装饰层，完成疏朗的构图，只是其外的纹样不同于一般开光，仅仅是在中心纹样间的上方分布角隅纹样，与葵花形制相适应，在装饰的同时加强葵花形制的塑造，而且三个器物的角隅纹样呈不同的特点。喀喇沁狮纹葵花形银盘（见表1.1的图64）的扁团花个体小巧，呈椭圆形，对中心纹样间的空间装饰作用较大；而"裴肃"葵花形银盘（见表1.1的图65）的同心结较为尖锐，深入至中心纹样周围，使中心纹样的单元分割更加明朗。枣园村双凤纹葵花形银盘（见表1.1的图87）的十字折枝纹比较完整，可独立装饰于中心纹样间，并与中心纹样间隔分布，其略带弧度的三角形更加适合于团式折枝间的余白，对中心纹样进行全方位的装饰，不仅突出中心，也对余白进行了再次分割，形成既疏朗又层次分明的画面效果。三者角隅纹样与中心纹样的关系有逐渐深入、适合性逐渐加强的趋势，其间的距离也有逐渐紧密的倾向，并且纹样结构更加清晰，这些变化趋势充分体现了8世纪后半叶到9世纪之间唐代金银器纹样装饰风格的演变，并与审美意识的转变有密切的关系。

丁卯桥四鱼纹菱形银盒、丁卯桥蝴蝶形银盒、西安鹦鹉纹海棠形银盒、蓝田鹦鹉纹云头形银盒、凯波荷叶形银盒、鎏金鹦鹉纹云头形银粉盒（见表1.1的图68、图69、图70、图71、

图72、图79),这些器物的开光装饰较为特殊,主要分布在盒侧面,仅从装饰纹样来看,只是单纯的二方连续,然而受不规则形制的限制,形成不同装饰区段内纹样的开光装饰效果,并随观者观察角度的变化而变化。第二章半花纹、几何纹的阐述中已经对于这种不规则形对纹样分布的影响做了分析,在这里就不再累述。

凯波莲花纹罐形银壶(见表1.1的图52)中的壶腹以柿状忍冬纹围绕四朵莲花,形成了以莲花为主题纹样的开光装饰,其外忍冬叶茎围绕莲花呈背分式相连,再加上它们间装饰的花尖,产生一种茎叶与花上下布局又通透重叠的视觉错觉。

喀喇沁鹿纹银瓶(见表1.1的图66)开光装饰的特别之处在于其中心纹样不是单独的一个纹样,而是使用了萨珊徽章式纹样典型的联珠环绕,其徽章式纹样外四角分饰折枝花草纹,体现了外来文明的影响。但此器物上的联珠呈现大颗疏朗分布,还有肉芝顶鹿的造型,这些都是对外来纹样吸收并融合阶段的表现,充分体现了我国文化巨大的包容性和融合能力。

总之,开光装饰的出现主要有以下几个原因:纹样的程式化、图案化趋势使纹样可以单独承担中心纹样的装饰,这是一大原因;形制的装饰要求是主要的因素;还有审美意识的改变引起的装饰风格的转变与其有直接的联系。这些因素也都影响其之间角隅纹样的变化,另外开光装饰本身的形式、装饰的位置的变化也是角隅纹样得以广泛应用以及多样化的原因。

3.1.1.3 其他装饰单元间

除以上莲瓣纹间和开光间两种比较典型的装饰单元间角隅

类型之外，还有花结间、背分式卷草纹间，及由于器物形制、纹样分布、器物部件等原因形成的角隅纹样类型，它们虽没有上两种应用广泛，但也呈现出不同的特点。

　　第一，花结的应用主要基于纹样的图案化、程式化，其形象多蕴含丰富的寓意，以桃形、石榴、柿形居多，其形象饱满、圆润、组织性强，左右相连既可形成中心主题纹样，也可形成带状纹样作为第二层装饰带，非常适合圆形器物的装饰要求，在盒、壶盖、炉盖以及球形香囊中得到广泛应用。如白鹤鸳鸯纹圆形银盒、鎏金仙鹤翼鹿纹银盒、鎏金鸳鸯纹银盒、何家村独角兽纹圆形银盒、何家村凤鸟纹圆形银盒、折枝纹三足银壶、三兆村银香囊、法门寺五足银炉盖（见表1.1的图33、图35、图36、图37、图38、图54、图57、图103）。其中白鹤鸳鸯纹圆形银盒、鎏金仙鹤翼鹿纹银盒、鎏金鸳鸯纹银盒、何家村独角兽纹圆形银盒、何家村凤鸟纹圆形银盒（见表1.1的图33、图35、图36、图37、图38）属于一类，花结组成装饰带，以桃形花结居多，其间的角隅纹也多为蕴含吉祥寓意的纹样。除了白鹤鸳鸯纹圆形银盒以花尖纹装饰花结间角隅外，其他器物都是应用与莲花有关的纹样。比如鎏金鸳鸯纹银盒、何家村凤鸟纹圆形银盒的莲瓣及何家村独角兽纹圆形银盒角隅中的荷叶（见表1.1的图36、图38、图37），花结装饰带呈莲座形，在突出主题纹样的同时，把人们对纯净世界的向往表现出来，体现佛教文化的影响，但莲瓣及荷叶的应用，又把这种影响转移到生活化的方向，体现纹样设计逐渐摆脱宗教影响的一面。鎏金仙鹤翼鹿纹银盒（见表 1.1 的图 35）的石榴花结及之间的桃形花结，主要把石榴的多子多福和桃的长寿富贵寓意都赋予器物，体现当时唐代人们的审美意识和艺术追求。折枝纹三足银壶（见表 1.1 的图 54）盖由四个花结形成主题纹样，其外与盖沿间饰折枝，主次分明，与壶体的满地装形成对比，同时也实现了与壶体装饰内容的呼应，形成壶整体的装饰美感。法门寺五足银炉盖（见表 1.1 的图 103）也有四花结的相连装饰，与前者不同的是由于莲蕾钮以及莲瓣滤气孔的设计，花结成为炉盖的第三层装饰带，其角隅分布与凯波莲花纹罐形银壶相似，主题纹样的上下都装饰角隅纹样，而且花结的连接方式由并肩转变为透叠，并且透叠部分又形成了一新装饰区，使纹样构图更加紧密，形成晚唐时期满地装的又一形式，充分体现了唐代对供养器的重视，以及晚唐时期纹样设计意识的成熟和制作工艺的高超。

第二，卷草纹是在忍冬纹在中国经过逐步改造变化形成的，在卷曲的藤蔓基础上，融入了花卉、忍冬、云气等丰富多彩的纹样，并与之巧妙结合，形成了莲卷草、牡丹卷草、宝相花卷草、石榴卷草等多种多样的卷草纹饰，还有穿枝花和缠枝花的组织形式，在我国唐代十分盛行，被称为"唐草纹"。其弯曲的藤蔓主要呈"S"形和涡形，以装饰带形式装饰碗腹和盒边。其中何家村龙凤纹弧腹银碗（见表 1.1 的图 50）的卷草纹呈"S"形，利用流动的曲线与碗的上下沿产生虚实相生的角隅区域，其内装饰单枝牡丹，既表现了卷草纹的婉转自如，又具有角隅间的阴阳对应，使画面达到优美的韵律、节奏感与器体的完美结合。而凯波缠枝纹圜底银碗、日本仙鹤纹圆形银盒、克利夫葡萄纹圆形银盘（见表1.1的图8、图41、图73）为涡形卷草的应用，涡形相对而生，在碗边和盒面以及盘边背分式分布，仿佛为整个画面开了一扇窗，把灿烂光明带入画面，与富丽辉煌的唐代装饰风格相适宜；其背分式的形式一方面易于角隅装饰，另一方面易成装饰单元，较易组织画面，所以这种卷草纹在唐代得到广泛的应用。其发展有逐渐程式化的趋势，凯波缠枝纹圜底银碗与克利夫葡萄纹圆形银盘两个器物中卷草纹的逐渐规范、程式化就是这一趋势的见证，也是与唐代晚期分单元装饰特点相适应的结果。

第三，为了寻求器物装饰的变化，工匠们的首要任务就是规划装饰区域，特别对形制变化少的器物更是如此，如沙坡村狩猎纹筒腹银高足杯、凯波狩猎纹筒腹银高足杯、何家村狩猎纹筒腹银高足杯、何家村双鸿纹圆形银盒、何家村双鸳纹圆形银盒、白鹤鸳鸯纹圆形银盒、何家村云瓣纹圜底银碗、圣地亚哥蝴蝶纹圆形银盘（见表1.1的图25、图27、图28、图31、图32、图33、图49、图86）。这些器物根据纹样特点把装饰区分割为若干单元，并在装饰单元间饰以角隅纹样，既完善了器物装饰，又实现了纹样装饰的丰富变化，体现了唐代富丽华美的装饰风格。其中沙坡村狩猎纹筒腹银高足杯、凯波狩猎纹筒腹银高足杯、何家村狩猎纹筒腹银高足杯（见表1.1的图25、图27、图28）为一类，杯腹较宽阔，以人物为主题纹样进行装饰单元划分，其特点是装饰单元界限不清，却充分体现了装饰的整体性和题材的统一性，把帝王贵族狩猎娱乐的场景通景式表达了出来，像一幅画卷展现着浓郁的生活气息。何家村双鸿纹圆形银盒、何家村双鸳纹圆形银盒、白鹤鸳鸯纹圆形银盒、何家村云瓣纹圜底银碗（见表1.1的图31、图32、图33、图49）为一类，其装饰区域都为圆形，中心为相对的鸟兽，上下各有一二出花枝，把整个圆形分为上、中、下三层装饰，鸟兽口衔方胜或口衔花枝与上方二出花枝相接，实现对鸟、对兽间与圆形边沿适合角隅的装饰，实现了花枝与鸟兽的结合，在构图上既打破了上、中装饰层的界限，又完成圆盒盖上半部三分式的特殊分割，而下方二出花枝主要以纹样对圆形的适合进行形象上的变化，这种构图是在充分体现纹样适合能力的同时开拓的新形式。而圣地亚哥蝴蝶纹圆形银盘（见表1.1的图86）装饰单元的布局是利用纹样间巧妙结合呈现出的，其构成形式与花结相似，但其装饰单元的分割是由莲叶和莲蕾组合纹饰的并肩连接实现的，其外的侧视荷叶也是依其茎和叶本身形象完成角隅装饰，侧视荷叶及茎成为莲叶和莲蕾组合纹饰的分界线，两层装饰完全融合在一起，既实现了纹样间的完美结合，也展现了装饰纹样的丰富内容，更是纹样设计娴熟的体现。

第四，形制也是影响装饰单元分布的主要原因，如沙坡村折腹银碗（见表1.1的图48）的折棱结构和凸瓣纹把碗腹装饰区分割为十八个装饰单元，而碗下层装饰单元与圈足间的角隅区域，也是形制作用下的结果，这里角隅纹样的作用是辅助主题纹样完整器体装饰，另外也有丰富器物纹样类型的作用。

第五，器物部件也形成划分装饰区的工具。法门寺五足银炉（见表1.1的图103）的器体遍布装饰，凸显富丽华美的装饰风格。不仅如此，腹壁铆接五只独角四趾兽足，器体装饰随着这些器物部件分为五个单元，再加上足间腹壁外以销钉套接绶带盘结的朵带，装饰单元内的卷云纹就呈现出既以销钉为出发点又围绕装饰兽足的状态，实现了器物部件与纹样装饰的完美结合。

总之，这些装饰单元的形成包括典型纹样、形制和器物部件三个方面，是器物设计逐渐向纵深发展的体现，不仅实现器物表面装饰，也把器物部件设计延伸至装饰中，既实用又华丽精美，实现了功能与装饰的结合，充分体现了工匠精深的设计思想，对现代设计具有很大的启示。

3.1.2 两层装饰区间

8世纪前半叶的何家村石榴纹圆形银盒、何家村折枝纹圜底银碗、何家村金梳背，8世纪中叶的何家村银耳杯，9世纪后半叶的凯波团花纹圜底银碗、水邱氏银温器（见表1.1的图40、图51、图56、图58、图88、图112）等器物的角隅是构筑在唐代繁密、华丽装饰风格的基础之上，不仅纹样装饰呈多层分布，而且多层纹样之间具有抑扬顿挫、疏密相宜的精妙布局。何家村折枝纹圜底银碗、何家村银耳杯（见表1.1的图51、图58）的内壁均饰折枝花四株，枝叶宽厚肥大，枝繁叶茂，在折枝花与杯沿及折枝花与杯心的团花间饰卷云纹两层。而何家村石榴纹圆形银盒（见表1.1的图40）的装饰纹样层次更多，并且飞鸟在多层装饰纹样之中相对飞舞，平添了一份蓬勃生机。而水邱氏银温器（见表1.1的图112）的盘面中心装饰的荷花与五片荷叶间各饰游鱼一条，浮游在水波之中，自由随意，具有较浓厚的生活气息，是晚唐金银器纹样生活化、世俗化的体现。凯波团花纹圜底银碗（见表1.1的图88）的碗心构图紧密，中心团花与丁字形折枝间穿插装饰四株十字形折枝，使之产生繁密、华丽的视觉效果。而何家村金梳背（见表1.1的图56）的角隅纹样与前者不同，不是密中穿插，而是起到了舒缓画面的作用。在由外到内的三条装饰带内，由金丝水滴纹装点连弧形下的三角区域，使其疏密有致，再加上掐丝工艺的运用，金珠焊接，粒粒真金，细密精巧，产生了金碧辉煌的装饰效果。

这种角隅纹样的存在与唐代富丽繁密的装饰风格有密切的关系，虽然都是两层装饰区间的角隅纹样，但装饰层的布局却呈现出细微的变化。8世纪中叶及以前的何家村石榴纹圆形银盒、何家村折枝纹圜底银碗、何家村金梳背、何家村银耳杯这些器物的装饰层都比较清晰，每层都呈带状分布，虽然何家村石榴纹圆形银盒的装饰非常繁密，却繁而不乱，是满地装饰风格影响下的设计精品。9世纪后半叶凯波团花纹圜底银碗、水邱氏银温器的纹样布局有一种空间错落感，不再拘泥于清晰的构图，而是更加自由和放松，并且布局呈阴阳相对、互破互立的形式，与逐渐疏朗、自由的构图风格有密切的联系。而凯波团花纹圜底银碗因为该角隅纹样装饰在碗底心，纹样的布局才相对比较拥挤，也是特殊区域特殊处理。所以角隅纹样在两层装饰区间的分布规律充分体现了不同时期装饰风格的变化。

3.2 装饰单元内的角隅类型

3.2.1 方形或近似方形

8世纪前半叶石榴花结银方盒之顶面、何家村方形银盒（顶面、正面、背面和左面）、8世纪中叶何家村银耳杯之双耳，9世纪前半叶长干寺双头迦陵频伽飞天纹银椁（顶面、前托盘、两侧及后端）、长干寺迦陵频伽云鹤纹金棺之两侧、禅众寺迦陵频伽四鹤纹金棺之棺体两侧、禅众寺迦陵频伽云鹤纹银椁之顶面及两侧，9世纪后半叶法门寺珍珠宝钿方形金盒之顶面、法门寺鎏金如来盝顶银盒（宝函）之顶面及其外沿部分、法门寺鎏金四天王盝顶银盒（宝函）之顶面、法门寺六臂观音纹方形金盒（宝函）（顶面、正面和背面）、法门寺金刚界大曼荼罗成身会造像纹方形银盒（宝函）之顶面和四个侧面、法门寺鎏金双凤衔绶纹圈足银方盒之顶面、法门寺双狮纹花瓣形银盒之顶面、丁卯桥凤纹花瓣形银盒、法门寺鎏金鸿雁流云纹银茶碾子、法门寺银茶罗子、法门寺宝珠顶单檐四门金塔、法门寺迦陵频伽纹银棺（见表1.1的图46、图47、图58、图80、图81、图82、图83、图89、图90、图91、图92、图93、图94、图95、图97、图105、图106、图110、图111），以上这些器物或者是方形的器物，或者器物的某个部位为方形，或与方形相近，都体现了方形内纹样分布的特点，并且角隅纹样得到了广泛的应用并发挥了作用。例如，8世纪中叶何家村银耳杯（见表1.1的图58），器物两面遍体装饰，杯内壁四株枝叶宽厚肥大的折枝花纹与飘逸的卷云纹相映成趣，显得疏朗和轻松，杯外壁抱式莲花卷草及之内莲座上站立的鸳鸯纹豪华富丽，构图舒展，而双耳却用构图严谨、程式化的团花及角隅处的四分之一团花进行装饰，体现了装饰严谨、朴素的一面，并与杯体形成了鲜明的对比，充分体现了唐代装饰的多样性。虽然对整个器物来说，双耳的面积小之又小，但对器物外形的控制起到了非常重要的作用。

方形或方形相近器物的装饰方法也有区别于其他形制独有的特点。因为不同形状的物体具有明显不同的运动特性：圆形物体具有容易转动的特性，方形物体则具有稳定难动的特征。正如《孙子兵法·势篇》所云："木石之性，安则静，危则动，方则止，圆则行。"《尹文子·大道上》则云："圆者之转，非能转而转，不得不转也。方者之止，非能止而止，不得不止也。因圆之自转，使不得止；因方之自止，使不得转。"所以要使方形器物灵动起来，就需要更多的装饰方法，使方形发生变化，或向圆形运行，或进行分割，或进行重组。也正是如此角隅纹样才应运而生，成为织物、地毯等图案格局变化中的主要辅助纹样。角隅纹样的概念也大多约定俗成地确定为装饰在器物一角或对角、四角的图案纹样。甚至在地毯设计中被称为专门用来装饰地毯四角的一种纹样。虽然有点言过其实，但还是从另一个角度体现了方形器物中角隅纹样应用的广泛性。另外其多样性在长干寺双头迦陵频伽飞天纹银椁（见表1.1的图80）得到了充分的体现，在其近似方形的各个侧面里都有角隅纹样的设计，而且纹样形象丰富多变。其中棺盖两体飞天中位于前方的托盘飞天身下与棺盖沿间的角隅饰卷云纹；两侧双头迦陵频伽鸟身下和棺下沿间的缠枝忍冬纹适合角隅；后端的上方两角隅填以卷云纹。再如法门寺金刚界大曼荼罗成身会造像纹方形银盒（宝函）（见表1.1的图93）中的角隅纹样更是为奇珍异宝呈现的大千世界——金刚曼荼罗世界进行了不遗余力的营造。首先盝顶上的密宗坛场五重，顶面中台为大日如来造像，四方为萨宝法羯四波罗蜜，诸尊菩萨带头光、背光，结迦莲座之上，居内部方形区域的四角隅为嬉、曼、歌、舞内四供（菩萨），和其身旁的西番莲纹一起装饰角隅，形成一个佛、菩萨、供养一体的生动、美好的曼荼罗世界。而方坛外每边有4尊造像，分别为外四供养、四摄、四大神、四大明王曼荼罗造像，其身形近似三角形，上窄下宽，相交之处留出了不规则角隅区域填以西番莲，体现了角隅纹样极强的适合性。宝函四个侧面的曼荼罗包括前侧面为唐密东方阿閦佛及四亲近曼荼罗、右侧面为唐密南方宝生佛及四亲近曼荼罗、后侧面唐密西方阿弥陀佛及四亲近曼荼罗、前侧面唐密北方不空成就佛及四亲近曼荼罗，其中都为主尊，四角各有一金刚菩萨，其旁余白填以莲花、叶缠枝纹，特别是主尊与上方左右菩萨间的西番莲纹形成三角形角隅，其婀娜伸展，具有很强的生命力。还有右侧面、左侧面的曼荼罗的上方左右金刚菩萨与边角间角隅饰以西番莲。此器物的角隅纹样被安排在器物的各个部位，充分体现了角隅纹样灵动、活泼的特点和多变性以及强大的适合能力。

法门寺银茶罗子（见表1.1的图106）与盝顶方盒的形制相似，只因其实用功能，下有壸门装饰的底座，器壁的装饰与其他方形区域无异，不过其装饰风格较为疏朗，纹样构图呈单元分布，纹样不分主次单成一装饰单元，所以装饰角隅的卷云纹的造型也较为绵延伸展，对主题纹样实行半包围装饰，既拉近了与主题纹样的距离，也增加了纹样对意境营造的能力，充分体现了晚唐时期纹样装饰手法的成熟。

法门寺宝珠顶单檐四门金塔（见表1.1的图110）的四壁为方形装饰区，形制的装饰要求是角隅形成的主要原因，也是对现实生活中建筑塔造型的直接反映，只是壸门旁角隅内的如意头卷云纹的使用是受到佛教教义和当时人们审美意识的影响，及人们对仙界幻境向往的体现。

而法门寺鎏金鸿雁流云纹银茶碾子（见表1.1的图105）比较特殊，其侧壁的镂空壸门成为影响装饰分区的因素，把方形侧壁空间分为三个装饰单元，天马和卷云纹适合壸门装饰，形成在方形区域分单元装饰，成为方形之内一新的装饰类型，也是受晚唐分单元装饰风格影响的结果。

另外还有近似于方形的器物，如法门寺双狮纹花瓣形银盒（见表1.1的图95）形制不是方形，但其花瓣形是由四个菱弧形构成，而且菱弧纹的弧度非常小，呈现出近似方形的效果，纹样都是中心与四角相对分布，由于盒面两层菱弧纹错位分布，把装饰区域进行了重新的规划，形成四方八位的布局形式，形成里外两层的角隅纹样，是方形装饰划分的一新类型，是九宫格构图形式的典型应用。这种九宫格的构图形式不仅在古代广泛应用，而且现代也被封为经典，沿用至今。而丁卯桥凤纹花瓣形银盒（见表1.1的图97）也不是方形，但其花瓣形是在方形基础上外接花瓣弧形成的，高隆起盒盖使花瓣弧成为盒盖和盒侧面的过渡，每个花瓣弧都单独成为装饰区，而弧尖的部位就成为装饰区的角隅，以一折枝花装饰，充分体现了形制对纹样的决定作用。

制作工艺上来说，法门寺鎏金双凤衔绶纹圈足银方盒（见表1.1的图94），使用了鎏金工艺，主纹和角隅十字绶带花结纹鎏金，而地不鎏金，形成了主纹与角隅纹样的遥相呼应的视觉感受，产生黄、白鲜明对比的装饰效果，即金花银器。而法门寺珍珠宝钿方形金盒（见表1.1的图89）则体现了唐代金银器制作和镶嵌结合的工艺特点，并且和以往的金银镶嵌不同，唐代的镶嵌金银经常成为母体，嵌入宝石等[①]。该器物通体使用这一手法，使装饰层次丰富，显得更加灿烂辉煌，而顶面斜刹四角隅各饰红、绿宝石和珍珠镶嵌成的花饰，形成斜刹面的装饰带，与中间主题花饰相呼应，并且角隅的位置再加上镶嵌的高度，形成了角隅花饰、斜刹中部花饰和主题花饰三个层次，使

[①] 齐东方：《唐代金银器研究》，第187页，北京：中国社会科学出版社，1995。

空间层次得到了更好的延展，形成了更丰富的视觉效果。

以上方形区域内的角隅纹样应用既有典型的四角、两角分布，也有方位错位的角隅布局，器物特殊部位、特殊用途的应用，还有因制作工艺和特殊形制对角隅纹样进行的应用上的创新，充分体现了纹样设计与形制的密切关系，及角隅纹样灵活、强大的适合能力。

3.2.2 扇形

7世纪后半叶的何家村人物忍冬纹金带把杯、何家村乐伎纹银带把杯，8世纪前半叶何家村仕女纹银带把杯，8世纪后半叶的西安摩羯纹金长杯、异兽纹银盒，9世纪丁卯桥童子纹三足银壶、背阴村人物纹三足银壶、水邱氏人物纹四足银壶，9世纪中叶及后半叶的芝加哥荷叶纹多曲银碗、凤鸟纹水滴，9世纪后半叶"田嗣莒"双凤纹花瓣形银盒、法门寺浙西银盆（见表1.1的图9、图10、图29、图60、图61、图74、图75、图76、图84、图85、图96、图99），这些器物的装饰区域的共同特点是较为完整，大多为扇形，其内纹样都以这个区域进行布局，区域内都有角隅纹样的分布。

首先，何家村人物忍冬纹金带把杯、何家村乐伎纹银带把杯、何家村仕女纹银带把杯属于一类，三者都为带把杯，其中何家村人物忍冬纹金带把杯、何家村乐伎纹银带把杯（见表1.1的图9、图10）可能是粟特工匠在中国的制品[1]，其形制有明显

---

[1] 齐东方：《唐代金银器研究》，第49页，北京：中国社会科学出版社，1995。

的西方风格，如八棱杯体、环形联珠把及指垫，足底一周联珠及人物采用浮雕式的做法等，但纹样已是中国式的。而何家村仕女纹银带把杯（见表1.1的图29）除了多曲指垫、饰有联珠的环柄及足底一圈联珠等西方装饰风格之外，圜底碗形和八瓣仰莲杯身以及中国式的纹饰特点都体现了我国在引进西方文明的过程中，以本土文化为主进行分解再利用的融合的过程。正因如此，三者之间还有纹样布局相似之处，就是八棱形把杯体分为八个装饰区，每个装饰区都单独构图，主题都为人物，其角隅就根据表现主题的不同进行不同的分布，何家村人物忍冬纹金带把杯（见表1.1的图9）是利用蜿蜒弯曲的卷草纹对人物施行半包围装饰，充分体现西域特色；何家村乐伎纹银带把杯（见表1.1的图10）则是利用飞鸟、折枝、缠枝装饰于乐者周围，凸现装饰手法的丰富多样；何家村仕女纹银带把杯（见表1.1的图29）以山石和折枝营造帝王贵族赋闲的社会生活场景，体现浓郁的生活气息，也是在纹样方面对外来文明中国化进程的体现。

其次，西安摩羯纹金长杯、丁卯桥童子纹三足银壶、背阴村人物纹三足银壶、水邱氏人物纹四足银壶、芝加哥荷叶纹多曲银碗、凤鸟纹水滴、"田嗣莒"双凤纹花瓣形银盒、法门寺浙西银盆这些器物为一类，扇形装饰区主要是由多曲和凸棱结构形成的。这些扇形装饰区主要分布在杯壁、壶腹、碗腹、盘宽边以及盆腹等比较宽阔的装饰区，随着多曲形制的盛行，纹样也适合其变化，依据多曲形划分，既解决了大面积构图的问题，也实现了与形制的结合。其中西安摩羯纹金长杯、芝加哥荷叶纹多曲银碗、"田嗣莒"双凤纹花瓣形银盒、法门寺浙西银盆这些器物是由多曲形而形成多个装饰区，其内的构图主要是以一团式折枝为中心，其外以角隅纹样装饰，形成开光装饰。如此构图不仅是对开光装饰的灵活应用，也适合分单元的装饰风格，符合8世纪后半叶特别是9世纪当时人们的审美意识。而角隅纹样除了装饰突出主题的作用，又增加了对多曲形的适合及辅助塑造形制的作用。如西安摩羯纹金长杯（见表1.1的图60）的折枝串花纹造型较直挺，既适合角隅，也起到强调多曲分割线的作用；而芝加哥荷叶纹多曲银碗（见表1.1的图84）以两组阔叶与两个花头组成的下垂纹饰装饰从碗口到碗底的曲棱，在完全适合角隅的同时实现对曲棱的塑造作用，并且完成扇形装饰区的无缝结合，达到随型赋饰、以饰塑型的境界；法门寺浙西银盆（见表1.1的图99）因器物较大，扇形装饰区内以两个石榴团花，团花中有一只立于莲花之上的鼓翼鸳鸯，两两相对，利用喜闻乐见的题材表达人们对美好事物的向往，具有浓郁的世俗气息。团花间及团花与曲棱间饰三角阔叶纹和卷云纹，既形成装饰单元间的装饰，也完成扇形装饰区的装饰，凸显富丽豪华、磅礴气势的大唐风范，是大型器物装饰的典型代表。还有丁卯桥童子纹三足银壶、背阴村人物纹三足银壶、水邱氏人物纹四足银壶、凤鸟纹水滴这些器物属于一类，其装饰分区因曲棱而形成，大多分为三个装饰区，都有较为完整的中心装饰——或形成开光，或纹样比较完整。其中丁卯桥童子纹三足银壶（见表1.1的图74）的开光为葫芦形，水邱氏人物纹四足银壶（见表1.1的图76）的开光为心形，凤鸟纹水滴（见表1.1的图85）的开光为圆形，这些形状在后来的瓷器和家具设计中得到普遍运用，以此也体现了各艺术门类之间的相通性和装饰手法的延续性。而背阴村人物纹三足银壶（见表1.1的图75）则是人物纹为中心形成较为完整的故事场景。比较这两种形式，开光外形准确，自成装饰单元，其外的角隅只是完成装饰功能，相对来说圆形和心形较葫芦形的开光容易装饰；而完整的故事场景则较为人性化，具有浓郁的抒情性，其角隅卷云纹飘逸、自由的应用也是故事氛围很好的烘托。另外在丁卯桥童子纹三足银壶、背阴村人物纹三足银壶、水邱氏人物纹四足银壶（见表1.1的图74、图75、图76）的扇形装饰区中有两层装饰，除了较为完整的装饰单元及周围角隅形成的上层装饰外，壶下腹还有多层莲瓣形成的下层装饰带，虽然没有凤鸟纹水滴浑圆典雅，却增加了扇形装饰区内疏密的变化并实现构图的丰富。不论是构图和纹样题材，都充分体现了晚唐时期金银器制作逐渐大众化、世俗化的特点。

再次，扇形装饰区的纹样布局中还有一个特例，就是异兽纹银盒（见表1.1的图61）由两两相对的大小两株背分式折枝纹，对圆盒外沿与盒盖圆形中心形成的圆环进行划分，呈现出四个扇形装饰区，并由背分式折枝纹的形象在盒盖面内形成内圆外方的构图。在异兽纹银盒盖中，圆形中心上方和下方的三角形背分式折枝纹确定了方形的边和角，背分式折枝纹之间分布的两个折枝花草纹，成为盒面的中轴线以及方形的对角线，实现了方与圆结合；再加上其盒的圆形与中心圆形的互动，使整个盒面形成动－静－动三种力的对抗，从而达到力的平衡，达到直与曲、动与静、刚与柔、坚与硬等的对立统一，达到变化中的协调。另外，背分式折枝纹呈三角形装饰是传统图案设计里"剖方成圆"方法的应用，即在以方形的对角线上确定圆形中心的直径后，从而得到了角隅纹样的位置和形态，实现两者最密切的结合，是一种典型的格律构图方法，充分体现了我国古代图案设计者的智慧。另外其内圆外方型与墓室穹隆上的顶心石等一样，都是"天圆地方"宇宙观的符号体现，以此表现以天的周流不息和地的承载万物形成的宏观世界，充分体现"天圆地方"审美思想对纹样布局的影响。

总之，扇形装饰是平面形为圆形的器物中其环形的装饰带依据形制或结构进行装饰分割的产物，属于因形赋饰的设计手法。这种手法既实现了装饰与形制的完美结合，又在纹样构图方面打破了通景式的构图，是一种构图方法上的进步，也是对"天圆地方"审美思想的灵活应用。

3.2.3 特殊形制

8世纪前半叶的白鹤宝相花纹蛤形银盒、大阪忍冬纹蛤形银盒，8世纪中叶的瑞典鸾鸟纹蛤形银盒，8世纪后半叶的哈·克·李鹦鹉纹蛤形银盒、"郑洵"鸳鸯纹蛤形银盒（见表1.1的图44、图45、图59、图62、图63），这些盒呈蛤形，盒体仿蛤壳的上下两扇，扣合处为类似蛤类的齿合形，并以环轴连接，可以开合，是种仿生形制，是唐代器物形制新时尚的体现。在形状上，蛤形盒本身为三角形，其纹样设计就只能在器物内分布，就有了很多角隅区域出现的可能。这些蛤形盒的设计大多把主题纹样放置在弧度较大的部分，在小角度的角隅内运用折枝纹或鱼鳞纹，甚至有的只是使用鱼子纹进行简单装饰。哈·克·李鹦鹉纹蛤形银盒（见表1.1的图62）以折枝花装饰三角形蛤形盒一角，并有小鹊两只飞翔其中。白鹤宝相花纹蛤形银盒、大阪忍冬纹蛤形银盒、"郑洵"鸳鸯纹蛤形银盒（见表1.1的图44、图45、图63）的蛤形盒一角以鱼鳞纹填充。而瑞典鸾鸟纹蛤形银盒（见表1.1的图59）的下部两侧填以相对飞翔的雀鸟，底衬以缠枝萱草，共同装饰角隅区域。

而鎏金鹦鹉纹云头形银粉盒（见表1.1的图79）属于另外一种仿生形制，呈云头形，其形制近似三角形，所以装饰纹样进行适合性的安排——在三个角隅处分别饰一缠枝花，盒侧面依云头形结构，每个弯曲都形成以小花纹为中心的装饰区，而半花纹被装饰区分割使用，成为装饰小花纹的角隅纹样，起到了丰富巧妙的装饰效果。

另外何家村仕女纹银带把杯（见表1.1的图29）也是带把杯中比较特殊的形制，虽保留许多西方装饰风格，但也呈现出中国化趋势，如口沿下一侧的三角形指垫，与浮雕胡人头的指垫不同，只保留了指垫的形式，仅以凸起的圆片模仿浮雕的特征，其外的角隅饰简单的花枝，使圆片与花枝主次分明，体现角隅纹样的辅助装饰作用。

  这些特殊形制的装饰要求充分体现了角隅纹样在三角装饰区域内的分布特点以及角隅纹样强大的适合能力。还有形制对纹样的决定作用，充分体现了当时工匠纹样设计超强的应变能力。其纹样内容和形制都是8世纪始末唐代金银器设计和制作逐渐成熟的表现。

  综上所述，通过对唐代金银器的角隅纹样区域类型的分析，除了其类型的丰富多样、灵活的位置分布外，形制对纹样的决定作用被凸现出来，同时纹样设计也呈现出逐渐成熟的一面，充分体现出在设计中协调形制与纹饰关系的重要性，并且在具体的器物设计中有许多思维和方法值得借鉴，对现代设计具有很大的指导意义。

第 4 章
形制与角隅纹样的关系

| 第 4 章 | 形制与角隅纹样的关系

　　角隅纹样属于适合性的辅助纹样，主要依据形制结构及纹样构图而产生。由于外来文明的影响、统治阶级的喜好以及社会功能原因，唐代金银器形制丰富多样，纹样多彩多姿，角隅纹样也呈现出花团锦簇的繁荣景象。它们出现在器物的各个角落，或灵巧可爱，或婀娜多姿。通过上述两章分析，不难看出，纹样依附于器物而存在，其形成原因均与形制有关，可归为两类（见表4.1）。其一为结构方面，依据形制多种结构对装饰区域的影响而产生角隅纹样，这种结构有外来文明带来的折棱，也有本土创新出现的多曲和不规则形，这些形制结构直接影响了纹样的布局和设计。其二为构图方面，依据器物各部位的不同特点进行构图，为适合形制、完成形制塑造而产生角隅纹样。其中凸瓣纹是构图中的特殊类型，应用时间较长、器物较多，是唐代文化对外来文明吸收、结合并创新的结果，也是外来文明逐渐中国化的有力见证。这两方面原因在唐代金银器角隅纹样形成中均有广泛影响，又以纹样构图方式为多，形制结构影响因适用时间或器物的限制，相对较少。下面将就对角隅纹样形成并产生影响的这两种因素分别阐述。

4.1　结　构

4.1.1　折棱

　　折棱结构是一种外来形制结构，主要应用于折腹高足杯、折腹弧腹碗和带把杯三种形制，三者充分体现外来文明的特征，主要应用于 7 世纪末至 8 世纪前半叶。早期主要是对其模仿，并在中国化的进程中这种结构逐渐被其他形式所代替，所以其应用时间比较短。另外折腹的特点较适宜器物腹部比较宽阔的形制，这也是它应用形制比较少的原因。但这种结构所体现的不同地域文化风格一直是这些器物独有的特征，并且这种结构对器物装饰带的分割有着鲜明、节奏感强的特点。特别是折棱结构对多条角隅纹装饰带的形成起了很大的作用，使器物装饰主次分明、繁密丰富、井然有序，是角隅纹样适合性特点的集中体现。还有折棱结构在不同形制中的运用有不同的特点，其中在折腹高足杯中是对杯腹部进行横向的分割，带把杯是纵向的分割，而折腹碗是对碗腹的纵和横双向的分割。在这些分割方式的影响下，纹样也随着变化。折腹杯的折棱使整个纹样呈带状分布，左右连贯，形成上下求平的构图形式，主题纹样多为静止的缠枝纹或站立的雀鸟，角隅纹样主要是跑动的走兽和飘舞的卷云以及摇曳的花枝，形成以静为主、动静相宜的装饰效果，而且上下层装饰带遥相呼应，再加上凸瓣纹的应用，使纹样装饰在横向和纵向都具有强烈的节奏感和韵律感。而何家村人物忍冬纹金带把杯、何家村乐伎纹银带把杯（见表 1.1 的图 9、图 10）中的折棱使杯腹呈"面"式布局，一个面一个主题，整个杯腹展开就是内容相近且又相对独立的八连幅画卷，既表现出内容的丰富，又蕴含浓郁的生活气息。沙坡村折腹银碗（见表 1.1 的图 48）双向折棱的应用，再加上凸瓣纹和多曲结构，利用其变化丰富的形制特点划分装饰区域，其内都以独立平展的缠枝或立鸟装饰，呈现出异常丰富、华丽的视觉效果，灵芝卷云纹装饰于凸瓣和圈足间的角隅，既起到了丰富装饰层次和装饰内容的作用，也把对自然的向往及对生命的热爱表达了出来。

4.1.2 不规则形

不规则形结构主要应用于 8、9 世纪的不规则形盒中，包括菱形，器体接近椭方形，应是花瓣形盒的简化[①]，如丁卯桥四鱼纹菱形银盒和西安鹦鹉纹海棠形银盒（见表 1.1 的图 68、图 70）；蝴蝶形如丁卯桥蝴蝶形银盒（见表 1.1 的图 69）；云头形如蓝田鹦鹉纹云头形银盒、鎏金鹦鹉纹云头形银粉盒（见表 1.1 的图 71、图 79）；荷叶形如凯波荷叶形银盒（见表 1.1 的图 72）。虽然这些不规则结构给纹样设计更多的限制，却呈现出与众不同的构图形式。在角隅纹样的应用上，这种不规则形主要影响的部位为盒盖和盒侧面。例如，鎏金鹦鹉纹云头形银粉盒（见表 1.1 的图 79）的盒盖依云头形在其三个云朵处装饰缠枝花纹，而其他五个盒都在盒侧面存在角隅纹样的运用。盒这种形制本身具有上下开合的特征，其纹样一般以一整二破式的两条装饰带装饰开合的上部和下部，通常的设计采用两条相同或近似的二方连续纹样装饰。但丁卯桥四鱼纹菱形银盒（见表 1.1 的图 68）则是上下合部呈现出两种不同的装饰风格，上合部分

[①] 齐东方：《唐代金银器研究》，第 91 页，北京：中国社会科学出版社，1995。

为菱形花饰和三角花饰组成的几何形二方连续，下合部分为水波纹二方连续，既有几何形的严谨构图，也有水波纹的流动和韵律，静动相宜成趣。上下合的形制决定了上下合的开启和咬合两种状态下纹样具有不同的变化。开启时各自为政，咬合时会产生两条装饰带的组合，形成新装饰带，变化出一个新的构图形式。再加上不规则形的作用及对器物不同部位的观察都会呈现出丰富的变化。以蓝田鹦鹉纹云头形银盒（见表1.1的图71）为例，盒侧面分上下开合两部分，形成一整二破的半花纹装饰带，而云头形制把这个装饰带分割形成五个装饰区段，从单条装饰带来说，区段以一个半花纹和两角分布的二分之一半花纹装饰，从两条相同的装饰带组合的效果来说，区段内或形成以一个菱形小花纹和四角分布的二分之一半花纹进行装饰，形成开光装饰；或以上下相对的半花纹为主题，两侧半花纹为附的装饰形式，还有依据观察部位的转换，人的视觉对装饰区的再次分割，从而产生更加丰富的变化，把器物的立体特征明显地体现出来。所以现代设计也应更多的是注意立体的思维培养，把观察者的视觉角度计算进去，进而设计出更加完美的设计作品。另外这些器物制作于8世纪后半叶到9世纪前半叶，形制上创新、纹样设计的灵活性和程式化特征，充分体现了唐代金银器的制作日益成熟，以及摆脱外来文化的直接影响，实现中国化进程。

4.1.3 多曲

多曲结构主要表现于器物平面的多曲和立面的凸棱两个方

面。这种结构的应用与 8 世纪前半叶到 9 世纪多曲形制的流行有直接的关系，也是分单元装饰风格和审美意识指导下的结果。这种结构的应用中，角隅纹样主要分布的部位为壶身、炉壁、盆壁、长杯内壁、碗壁和花瓣形盒盖（具体的器物与角隅分布情况见表 4.2）。其主要的特征就是依据多曲结构进行装饰区域的划分，形成单元式装饰，角隅纹样被放置在每个装饰区域的边角之处，成为分割单元装饰的纹样，起到塑造单元装饰外形的作用及划分装饰区域的作用。比如法门寺浙西银盆（见表 1.1 的图 99），其盆口凹曲处至盆底竖列凸棱形成的多曲结构将盆壁分作四曲装饰区，每区内錾两朵横列的阔叶石榴团花，团花外角隅以卷云纹和三角阔叶纹装饰。这样卷云纹和阔叶纹作为角隅纹样被设计在装饰区的边角处，其适合性特点把每个装饰区曲瓣形造型塑造出来。还有西安折枝纹银唾壶（见表 1.1 的图 101），盘面和壶外壁都为多曲结构，盘面是平面形上的多曲结构形成四个扇形装饰区，角隅纹样就分布在每个曲面边缘的上下部分，形成与中心扁团花鲜明对比的开光装饰效果；而壶外壁是以凸棱实现结构的多曲，分为四个装饰区，角隅纹样的分布与盘面相同，由于角隅纹样比较小巧，像飞舞的小鸟一样装饰在角隅，上下角隅共同完成装饰区的分割。另外，法门寺双狮纹花瓣形银盒、丁卯桥凤纹花瓣形银盒（见表 1.1 的图 95、图 97）的多曲结构比较特殊，其花瓣弧使器形的方形演变为多曲，在器形变化的同时，增加了花美丽、芬芳的意味，并影响纹样构图的变化。法门寺双狮纹花瓣形银盒重复利用花瓣弧实现两重错落角隅的装饰；丁卯桥凤纹花瓣形银盒则以花瓣弧为装饰单元，实现器物的花边装饰效果。这些例子表明了多曲结构对角隅纹样在不同形制上分布的作用，也是角隅纹样的灵活分布和应用多样性的体现。

以上三种形制结构应用于不同的时期，具有明显的时代特点。折棱结构来自西方风格，应用时间较短并在中国化的进程中逐渐被其他形式代替，不规则形和多曲形属于唐代金银器制作逐渐成熟过程中的产物，体现了当时唐代的审美时尚及审美趣味。三者依不同的特点使形制千姿百态，使纹样构图变化万千，是形制与纹饰相辅相成关系的最好证明。

4.2 构　图

构图是产生角隅纹样最主要原因，也是纹样在应用过程中对形制适合及塑造的集中体现。在没有特殊结构影响的情况下，器物通常依据形制特点进行纹饰布局，运用各种构图完成装饰。而角隅纹样是布局中较为灵活的因素，起到或精巧点缀，或画龙点睛，或丰富种类，或塑造形制等作用。这些角隅纹样在整体构图布局的控制下，应用于各种形制的不同部位，主要包括壶的器身和顶面，炉的壁，碗的壁和内底心，盆的内底心，圆盒盖，蛤形盒盖，方盒的斜刹面、顶面和侧面，首饰的梳背上面，香囊的开合边缘，耳杯的杯耳，筒腹高足杯的外壁，带把杯的外壁，茶碾子的侧壁，盘的内心，塔的四壁，银温器的内盘（具体的器物与角隅分布情况请看表4.2）。由于金银器为立体器物，包括平面形和立面形，其构图也可依这两方面展开，完成对器物造型的塑造，而分析角隅纹样在各种形制上的应用也当以此入手。

4.2.1 平面

盒盖及侧面、碗的内壁及内底心、盘的内心、盆的内底心、壶的顶面、银温器的内盘、耳杯的杯耳和首饰的面，均属于平面纹样装饰的范畴。由于平面形本身缺少高低起伏的变化，在纹样布局上就更需追求装饰层次的丰富和变化，构图不仅要从纹样本身特点出发，更要在平面二维空间中营造出三维效果，使画面产生起伏、节奏和韵律。唐代金银器在这方面有独到的处理手法，其繁密华丽的装饰风格主要通过丰富的构图形式体现出来，可归纳为由中心向外多层次、上中下三层、分单元装饰和特殊形制布局四种构图方式。

第一种，由中心向外多层次布局。其构图方式特点是纹样以中心为主呈放射性分布，易达到突出主题的装饰效果。唐代金银器的各种形制应用这种方式较多，而且呈现出不同时期的各自特点。这种方式早期表现为中心主题纹样及周围由绳索纹围成圆框为中心层，这种中心的装饰手法是萨珊艺术常见手法，被称为徽章式纹样，其外再进行二层三层的装饰。应用的器物有鎏金仙鹤翼鹿纹银盒、何家村独角兽纹圆形银盒、何家村凤鸟纹圆形银盒（见表1.1的图35、图37、图38），后来徽章式纹样在中国发生了改变，以唐代流行的宝相花纹取代了圆框中的动物，何家村独角兽纹圆形银盒的盖和底上，并存动物和宝相花纹这两种风格的徽章式纹样，盒盖上仍有口衔花草的独角兽，盒底则是宝相花纹，稍晚一些的银盒圆框中心是宝相花纹或团花纹，取消了圆形的边框，代表性应用器物是何家村石榴纹圆形银盒（见表1.1的图40），还有何家村飞狮纹圆形银盒（见表1.1的图39）处于这两个时期的过渡阶段，其盒盖为以飞狮为主题的徽章式纹样风格，而盒底为取消边框的团花纹为中心的形式，8世纪中叶以后这种装饰逐渐消失，这种演变过程是纹样中国化进程的体现。另外这种构成形式中心变化的同时，其外的装饰层也随之变化，徽章式纹样形式为了突出中心，把中心与周围纹样割裂开来，中心与周围纹样的距离比较远，第二、三层装饰纹样的关系比较紧密，往往第三层纹样就以角隅纹样的形式穿插在第二层纹样之间。而发展到圆框消失的阶段，如何家村石榴纹圆形银盒（见表1.1的图40），其中心为宝相花纹，由于圆框的消失，宝相花纹或团花纹不再孤立于中心，而是以适合的形式与周围的纹样紧密融合，穿插其中，形成既为中心又为画面构成骨架的装饰效果，而第二层装饰纹以团花的形式成为第二个视觉中心点，还有围绕着这条团花装饰带的花结枝以角隅纹样装饰其中，成为第三条装饰带，既形成了与中心团花纹或宝相花纹的呼应，也使整个平面有了视觉起伏的变化，充分体现唐代繁密华丽的装饰特点。以上器物是由中心向外布局的装饰层次比较分明的例子，也是唐代金银器装饰纹样飞速发展时期的装饰特点，而发展到成熟和普及多样化时期，装饰层间的关系不再那么分明，变成相互交融、浑然一体的形式，如水邱氏银温器（见表 1.1 的图 112）内盘中莲蓬、游鱼和荷叶这三层装饰，游鱼纹和荷叶纹呈阴阳相错分布，并没有明显层次，却显得更为生动。法门寺金刚界大曼荼罗成身会造像纹方形银盒（见表 1.1 的图 93）的盝顶方坛内第二层四尊波罗蜜菩萨和第三层的四供养菩萨只是分居八大方位，基本没有鲜明的层次关系，与西番莲纹一起营造一个平等、美妙的曼荼罗世界。这种构成方式是 9 世纪后半叶倾向疏朗、生活化的装饰风格的体现。以上这些事例从时间上把装饰层次处理不同风格的演变过程表现了出来。

第二种，上中下三层布局。这种布局打破了从内向外的构图，把器物的平面形分为上、中、下三个部分，可以水平组织纹样，也可以利用对称的构图形式，把表现主体由一个演变为两个，实现在我国双数所蕴含的吉祥寓意的表达。而在唐代金银器上这一形式的应用主要是主题纹样居中，其上和下都錾刻花枝的形式，这样既突出主题，也实现了左右对称和上下对称，在对立中达到和谐。这些花枝与器形适合性延展，给人一种瑰丽、优美的视觉感受。这种形式在何家村双鸿纹圆形银盒、何家村双鸳纹圆形银盒、何家村云瓣纹圜底银碗、异兽纹银盒（见表 1.1 的图 31、图 32、图 49、图 61）这些器物上的运用就是如此。其中何家村双鸿纹圆形银盒、何家村双鸳纹圆形银盒的纹样布局十分相似，圆盒中心为双鸟，分别为鸿雁纹和鸳鸯纹，它们都口衔带有绶带的方胜，其上都连接一双叶出的莲花枝，其中双鸿纹圆形银盒（见表1.1的图31）为双出莲叶的莲座，而双鸳纹圆形银盒（见表1.1的图32）为一双出莲叶的莲花枝，这样的构图因为上莲枝与绶带方胜相连而形成了三角角隅插入双鸟纹中，把双鸟纹与其上的莲枝密切结合起来，并把中层装饰一分为二，打破了呆板的上中下三段式构图，其下的莲枝对圆形的适合性设计，其纹样伸展而飞舞，完成圆形盒的塑造，实现对圆满、吉祥如意等审美趣味的表达。何家村云瓣纹圈底银碗（见表1.1的图49）的构成形式与前两盒相似，就是双狮口衔的不是方胜而是花枝；异兽纹银盒（见表1.1的图61）也是上中下纹样布局方式，就是其中心为一圆形荷花，其上下为相对的背分式折枝，在圆形的中心纹样之外形成了方形的包围结构，既突出了主题，也实现了三段式的布局，也可算是由中心向外布局的构成形式的应用，形成了三段式和中心式这两种构成形式的结合。

  另外双鸟衔方胜、双鸟衔绶以及双狮衔枝这种通过动物与带有吉祥寓意事物的联系，把人们的美好意愿传达出来，是当时人们的审美趣味、审美文化的体现，而且这些动物与花枝、方胜、绶带结合的应用在时间上也有一定的关联。以何家村双鸿纹圆形银盒、何家村双鸳纹圆形银盒为代表的双鸟衔方胜、何家村云瓣纹圈底银碗的双狮衔枝、白鹤鸳鸯纹圆形银盒的双鸳衔枝、何家村方形银盒正面的双孔雀衔胜，这些器物都出于8世纪前半叶，是唐代金银器飞速发展时期的体现，这一时期还有对西方纹样的模仿,如何家村云瓣纹圜底银碗的狮子的形象。到了8世纪末和9世纪,这种与吉祥寓意相结合的运用演变为了双凤衔枝(法门寺六臂观音纹方形金盒,见表1.1的图92)、单鸟衔枝(哈·克·李鹦鹉纹蛤形银盒,见表1.1的图62)和双鸟衔绶(枣园村双凤纹葵花形银盘,见表1.1的图87)等形式,方胜逐渐消失,而绶带纹在这一时期得到了广泛的应用,从一个侧面表现了工匠们对传达吉祥寓意纹样的筛选,随着纹样的多样化和世俗化,向更为贴近生活的纹样变化,充分体现了当时审美文化的指导作用。

第三种,分单元装饰布局。这种形式可把装饰带分离为几个装饰单元,使纹样从繁密中脱离出来,显得灵动和自由,是8世纪末到9世纪疏朗的装饰风格影响的结果。这种形式主要应用在喀喇沁狮纹葵花形银盘、"裴肃"葵花形银盘(见表1.1的图64、图65),其共同的特点就是单元装饰都由团式的折枝纹为装饰,对主题纹样来说是分居各个方向,使整个盘面清晰疏朗,而小扁团花或同心结又以单独个体放置于单元装饰之间,形成了三层装饰都为单体、又具有大小和疏密变化的纹样布局,并且在三层装饰的相互对比和调和中,层次感得到了加强,富有节奏和韵律,这就是这种构成形式的主要优点,其中角隅纹样起到了分割装饰单元的作用。与在立面形中存在和在形制作用下的分单元装饰一致,都是追求疏朗的装饰风格影响下的产物,并且其具体演变也是其装饰风格逐渐形成过程的体现。

第四种，特殊形制布局。主要依据特殊器物形制进行的符合各自特点的纹样布局。例如蛤形盒，因其形似蛤壳而得名，其形象为三角形，构图有满地装，也有依据三角形分布装饰。满地装可体现对繁花似锦美好世界的向往，而依形布局则体现了蛤形盒独有的形制特点，如白鹤宝相花纹蛤形银盒、大阪忍冬纹蛤形银盒、瑞典鸾鸟纹蛤形银盒、哈·克·李鹦鹉纹蛤形银盒、"郑洵"鸳鸯纹蛤形银盒（见表1.1的图44、图45、图59、图62、图63）。在其具体应用中有两种形式，一种为依据蛤形把主题纹样分布于弧度较大的部分，角隅处装饰辅助纹样；一种为依蛤形纹样呈三足鼎立之势，把纹样分别放置于三个角隅，充分体现了纹样布局的灵活性，以及角隅纹样适合性的特点。还有何家村银耳杯，其形制是我国所知唐代器物中仅有的一例，虽与其他长杯非同类器物，因杯体的长形，而暂被列入长杯类里。其内外壁都有繁丽的装饰，内壁以第一种构图形式的应用，而杯耳却呈角隅纹样对主题纹样的半包围结构，装饰方向相对，形成比较严谨的适合性较强的装饰效果，使杯耳的缜密与杯内壁的阔叶卷云形成鲜明的对比，同时也各得其所。这些特殊形制对纹样布局提出了特有的要求，从另一个角度来说，这种特殊的要求也在一定程度上增加了角隅纹样的应用，充分体现角隅纹样的适合性和灵动性。

4.2.2 立面

唐代金银器应用的器物部位主要包括杯外壁、瓶壁、碗壁及圈足、盒侧面、壶壁、塔四壁以及香囊开合处。其立面形可分为三个类型：一是杯外壁、瓶壁、碗壁及圈足、壶壁等呈带式纹样布局；一是塔壁和香囊特殊形制的纹样布局；一是特殊构图类型凸瓣纹与各种形制结合的纹样布局。

4.2.2.1 带式纹样布局

杯型中筒腹高足杯和带把杯的杯壁、瓶壁、碗壁及圈足、壶壁没有结构的作用，只有靠纹样布局打破装饰带的平淡和静态，进行纹样大小、节奏的变化，可采用平视体构图方式，依"九宫格"的水平和垂直线来布置景色、人物、动物、景色，互不掩盖、重叠，这样既不受画幅大小的限制，也不受空间的局限，适宜于表现复杂的情景，而且构图轻松、自由。然而这份自由往往需要把纹样分组，以表现节奏感，而角隅纹样就充当了组间阴阳顿错的小乐符，穿插在主题纹样的周围，实现其辅助装饰的作用，同时丰富器物装饰纹样的内容，沙坡村狩猎纹筒腹银高足杯、凯波狩猎纹筒腹银高足杯、何家村狩猎纹筒腹银高足杯就是如此进行角隅装饰构图（见表1.1的图25、图27、图28）。

还可利用纹样在立面呈单元分布，装饰单元大多以团形纹样为主体，其周围饰角隅纹样，形成开光装饰，在更加突出主题纹样的同时，角隅纹样既起到完整装饰带的作用，也体现了对装饰带的分割作用，实现明快的节奏。其形成的疏朗构图也是对通景式构图的突破并成为8、9世纪较为流行的构图形式。其中何家村团花纹金带把杯、何家村折枝纹圜底银碗、何家村鹦鹉纹提梁银壶、喀喇沁鹿纹银瓶、繁峙折枝纹提梁银壶为这种构图的典型应用（见表1.1的图30、图51、图55、图66、图100）。而何家村飞狮纹圆形银盒、何家村石榴纹圆形银盒（见表1.1的图39、图40）为圆盒侧面上下合闭合时呈现出的开光装饰，是这种构图的巧妙应用。另外同为圆盒的丁卯桥鹦鹉纹圆形银盒（见表1.1的图67）的侧面呈一整二破的两条装饰带，都形成几何纹的开光装饰。

构图上大小和疏密的处理方面比较典型的是白鹤莲瓣弧腹银碗、弗利尔莲瓣纹弧腹银碗、纽约莲瓣纹弧腹银碗、俞博莲瓣纹弧腹银碗、何家村金梳背五个器物（见表1.1的图11、图12、图13、图14、图56），其中前四个器物的角隅纹应用在碗的圈足，是利用大小两种云曲纹的间隔分布实现单元装饰；何家村金梳背（见表1.1的图56）主要基于梳背的装饰特点，适合镂空和金珠焊接工艺要求在半圆形的花饰中装饰水滴形纹，使构图疏密有致，使装饰精巧、华丽。这五个器物虽然仅在构图上追求大小和疏密的变化，却营造出丰富的节奏感和韵律感，是构图中应用广泛的形式。

凯波莲花纹罐形银壶、法门寺五足银炉（见表1.1的图52、图103）两个器物的构图形式属于一类，其立面形都由并连装饰单元装饰，既装饰整体，也增强视觉冲击力。其角隅纹装饰在上下相交处，起到拉平装饰带并完整器体装饰的作用。另外两者在时间上也体现了这种构图形式的演变，凯波莲花纹罐形银壶为并连的方式，而法门寺五足银炉的花结呈交叠的方式并排连接，其装饰单元的关系较凯波莲花纹罐形银壶更加密切，并演化出交叠部分的新装饰区，既丰富了装饰内容，也是对构图形式的创新，充分体现出 8 世纪前半叶和 9 世纪后半叶金银器不同发展时期的各自特点，也是 9 世纪金银器制作日益成熟的表现。

何家村龙凤纹弧腹银碗（见表 1.1 的图 50）的缠枝卷草纹呈圆环装饰带完成碗外壁的装饰，也是打破通景式构图的一种形式，它主要利用卷草弯曲骨架与碗壁上下形成曲与直、软和硬的强烈的对比，并利用上下错落分布的角隅既完整了环形装饰，在一定程度上缓解了这种对比，并丰富了节奏，增加了韵律的变化。同时还与盘、盒等平面形中卷草纹的应用相近，既体现了卷草纹在各种形制的应用特点，也体现了纹样演变的延续性和相对的稳定性。

背阴村人物纹三足银壶（见表 1.1 的图 75）的装饰单元较为特殊，壶体有三个装饰区形成三个装饰单元，单元内分为上下两部分装饰，其上部以人物场景为主题纹样，其四隅饰卷云纹，既突出主题，又具有浓厚的抒情性、故事性。其下部以两层莲瓣及其间穿插的小簇花角隅纹形成装饰带，既丰富了器体装饰内容，也是构图方式的丰富，与同时期的丁卯桥童子纹三足银壶、水邱氏人物纹四足银壶（见表 1.1 的图 74、图 76）构图十分相近，表现了 9 世纪这种构图形式在壶体装饰中的广泛应用。另外下部的莲瓣装饰带手法及装饰位置在咸阳缠枝纹金注壶、法门寺乐伎纹银香宝子、法门寺人物纹银香宝子（见

表1.1的图77、图108、图109）等器物上有相似的应用，充分体现了9世纪金银器纹样程式化的趋向，也是同时期装饰稳定性的表现。

还有方盒、棺椁侧面呈方形或矩形的立面形装饰类型，其构图多利用角隅纹样装饰四角作为塑造外形的有力工具，充分体现角隅纹样强大的塑形作用。而应用的角隅纹样有折枝、卷云、西番莲和缠枝忍冬纹等种类，其形象随着各时期装饰风格而变化。其中应用折枝和卷云角隅纹装饰的有何家村方形银盒、长干寺双头迦陵频伽飞天纹银椁、长干寺迦陵频伽云鹤纹金棺、禅众寺迦陵频伽四鹤纹金棺、禅众寺迦陵频伽云鹤纹银椁（见表1.1的图47、图80、图81、图82、图83），其折枝在何家村方形银盒（见表1.1的图47）中为单株分布，与卷云一起完成角隅装饰，体现分散、满地装饰的特点；而在禅众寺迦陵频伽云鹤纹银椁（见表1.1的图83）中折枝则较为硕大，叶花重叠交错，充分伸展于迦陵频伽鸟的周围，在适合装饰角隅的同时，形成舒展、随风摇曳的视觉效果，并且叶的形象和装饰手法与迦陵频伽鸟的尾部一致，一方面加强了椁体装饰的统一，使迦陵频伽鸟与折枝融为一体，另一方面体现了9世纪植物纹样的盛行，还有当时人们对自然生命力的崇拜向往，并通过器物装饰表现出来。禅众寺迦陵频伽四鹤纹金棺（见表1.1的图82）的折枝纹茎枝较长，以叶代花，把卷云的飘逸感融入其中，形成回旋绵延的装饰效果。通过以上三个器物中折枝的比较，充分感觉到8世纪与9世纪装饰风格的演变及纹样设计的逐渐成熟。而法门寺六臂观音纹方形金盒、法门寺金刚界大曼荼罗成身会造像纹方形银盒（见表1.1的图92、图93）因出土于法门寺地宫，具有密教特征，角隅纹样多采用西番莲和卷云纹，还有菩萨形象与西番莲的组合运用，凸现密教教义影响下的装饰特点。

总之，不同形制基础上带式纹样布局中角隅纹样起到丰富装饰层次、装饰形制等作用，并承载着时间的流逝、纹样的变更以及审美意识的变化。

4.2.2.2 特殊形制的纹样布局

立面还存在一些像塔壁、壶门等镂空造型，香囊等特殊形制形成的特殊构图形式。其中塔壁主要是由于四壁开门的特殊形制，纹样只能装饰于门与檐之间的角隅内，法门寺宝珠顶单檐四门金塔（见表1.1的图110）就是如此，塔身四壁的火焰形门的上部左右两角隅以卷云纹装饰，纹样飘逸、婉转，既实现了对门的装饰，也给塔增加了仙界神境般的意境。法门寺鎏金鸿雁流云纹银茶碾子（见表1.1的图105）侧壁与塔壁类似，镂空壶门成为装饰单元的中心，围绕其外进行纹样装饰，增加了空灵、阴柔之美，也表现了与相关艺术门类的共通性。还有香囊这种特殊的形制，外形为球形，由上半球和下半球组成，这样的形制特点决定了纹样布局必须归结到上下半球结合部位，在出土的香囊中纹样都精致细腻，大多为满地装的装饰风格，而三兆村银香囊（见表1.1的图57）却把桃形忍冬花结和莲瓣纹结合起来运用，使上下半球结合部花结之间装饰莲瓣角隅纹，产生花瓣锦簇的富丽之感。虽然与白鹤鸳鸯纹圆形银盒的花结应用相似，但因为其形制的特殊性而呈现出立面形更加圆润的特点。这两种特殊形制各有各的特点，都依形制进行纹样布局，进行各种装饰手法的变换，呈现出独有的形式和表现效果，为构图增添新的内容。

4.2.2.3　凸瓣纹特殊构图类型

除了以上立面形的各种构图形式外，还有一个既起到划分装饰区又影响器形的特殊构图类型——凸瓣纹。它主要来自粟特装饰风格的影响，但在唐代金银器上却呈现出与西方凸瓣纹金银器不同的特点。除了形象与西方金银器上表现不同外，还有同样来自西方的折棱结构与凸瓣纹结合的应用，呈现出既有别于罗马拜占庭装饰风格又区别于粟特装饰风格中国化的装饰特点，充分体现了我国唐代对外来文化的吸收和接纳并进行整合的超强能力。例如，耶鲁莲瓣纹折腹银高足杯、凯波莲瓣纹折腹银高足杯、凯波立鸟纹折腹银高足杯、圣·路易斯莲瓣纹折腹银高足杯、白鹤联珠纹折腹银高足杯（两件）、韩森寨莲瓣纹折腹银高足杯、鎏金蔓草花鸟纹高足银杯、沙坡村莲瓣纹折腹银高足杯（见表1.1的图15、图16、图17、图18、图19、图20、图21、图22、图23），这些器物就是折棱结构与凸瓣纹结合应用的实例，折棱结构把器物外壁的装饰划分为上、下两个装饰带，而凸瓣纹的作用就是把这两条装饰带划分为以凸瓣为主体的装饰带，以及凸瓣纹与杯沿部分之间形成的角隅装饰带，这样两条装饰带就变成了四条装饰带，主次分明，界限清晰，形成繁密而秩序、华丽而丰满的装饰效果，凸显大唐的磅礴气势和东方神韵。

除了在特殊形制上的应用外，依据形制变化角隅纹样应用的部位及纹样的装饰都具有丰富的变化。应用部位包括壶盖、壶体下腹、炉座、碗的外壁、圆盒和花瓣盒的顶面、筒腹高足杯的杯外壁、弧腹高足杯的杯外壁、带把杯的杯下腹部、香宝子的壁下腹以及瓶的腹部和圈足（见表4.1）。凸瓣纹早期多出现于杯形器物、弧腹碗中，其形制多为西方引进的器形，如折腹高足杯、筒腹高足杯、弧腹高足杯、带把杯，这些形制都有明显的西方装饰特征，比如这三种杯型中的算盘式节、折腹高足杯中的折棱及白鹤联珠纹折腹银高足杯（两件）（见表1.1的图19、图20）中联珠纹的运用，带把杯如何家村人物忍冬纹金带把杯、何家村乐伎纹银带把杯（见表1.1的图9、图10）中八棱形体、环形联珠把及指垫、足底一周联珠以及人物胡人装扮和浮雕式做法，都充分体现了强烈的外来文化影响，但是其纹样大多已是中国式的，凸瓣纹也多呈较为低平、膨起较小的效果，有的仅作为纹饰间起区划作用的分割线，充分体现了我国文化巨大的包容性和融合性，在对西方器物模仿过程中，摒弃了双方在政治、宗教、艺术等传统领域的差异，以及地理环境、生活习俗上的不同，使之逐渐中国化。这些器物大多都铸造于8世纪前半叶，体现了唐代金银器飞速发展时期的特点。

弧腹碗如何家村莲瓣纹弧腹金碗、白鹤莲瓣弧腹银碗、弗利尔莲瓣纹弧腹银碗、纽约莲瓣纹弧腹银碗、俞博莲瓣纹弧腹银碗（见表1.1的图7、图11、图12、图13、图14），这些器物中器壁上捶出凹凸不平的莲瓣，与西方的金银器相近，但其莲瓣形式已是中国式，其内装饰也多为具有中国特色的宝相花纹。而"宣徽酒坊"莲瓣纹弧腹银碗（见表1.1的图78）与前面的碗型器物形制相似，但碗壁捶出的凸瓣纹不再是单层或两层分布，呈现出多层分布的特点，改变了器物的外形特征，增强器物本身的装饰效果，使形制以多样化趋势发展。这也是纹样发展到晚唐时期的一个主要的装饰特点。随着弧腹碗中凸瓣纹的演变对形制产生的不同影响，其装饰纹样也由繁密和精致向疏朗和粗放的装饰风格演变，角隅纹样也与此相适应，从动物纹、折枝纹以及卷云纹表现社会生活场景的丰富多彩的纹样演变到单以背部莲叶纹为角隅的装饰。具体来说，角隅纹样早期以凸瓣纹为主体进行上下、错落分布，何家村莲瓣纹弧腹金碗（见表1.1的图7）的主体为两层密切结合的凸瓣纹，角隅纹样装饰带穿插在凸瓣结构与碗沿之间；白鹤莲瓣弧腹银碗、弗利尔莲瓣纹弧腹银碗、纽约莲瓣纹弧腹银碗（见表1.1的图11、图12、图13）的凸瓣结构都为一层，由于凸瓣纹的形状特点，在凸瓣上下产生两层角隅装饰带；俞博莲瓣纹弧腹银碗（见表1.1的图14）对凸瓣纹进行了变化，一层大的凸瓣纹为主体，其上又锤揲出一层小的凸瓣纹，其位置分布于大莲瓣纹的两两相交的肩部，显得非常小巧可爱，而且把大莲瓣纹与碗沿之间的角隅区域一分为二，产生更加丰富的视觉效果，满地装的装饰风格体现得更强。而晚唐时期随着凸瓣纹的多层化，9世纪前半叶"宣徽酒坊"莲瓣纹弧腹银碗（见表1.1的图78）的角隅纹样简化为只分布在与碗沿之间的角隅部位，纹样也简单，但呈现出与往常不同的对背面莲叶的装饰，呈现纹样多样化趋势；9世纪后半叶凯波团花纹圜底银碗（见表1.1的图88）的碗壁以多层凸瓣纹为装饰，形成"以型代饰"的装饰特点。另外沙坡村折腹银碗（见表1.1的图48）有折腹结构的应用，但与折腹高足杯的折腹结构不同，在沙坡村折腹银碗上不仅对碗腹做了上下分割，并且进行了左右分割，还有与平面的多曲形相结合，再加上凸瓣手法，成为三者的结合体，呈现出形制变化丰富、结构清晰、装饰华美的装饰效果，成为外来文明与本土文化融合阶段——既有模仿又融入自己的特点的装饰风格的集中表现，角隅纹样的位置也与折腹高足杯不同，是基于凸瓣隆起产生的与圈足之间以如意卷云纹装饰的角隅。这样整个碗的装饰呈面式陈列，有章有序，凸瓣的特点使浑圆的唐代特色表现得淋漓尽致，角隅纹样的穿插更体现了角隅的灵动性，使其各尽其职，完美结合。

在盒这个形制中，凸瓣纹在花瓣形盒中的应用较有特色，其中心团花或宝相花与凸瓣纹结合在一起，把盒盖主体分为八个莲瓣装饰区，其外部又与花瓣形形制相结合，在莲瓣纹与盒盖沿之间形成花朵形角隅区域，显得浑圆和雍容。如大和文华飞鸟纹花瓣形银盒、白鹤宝相花纹花瓣形银盒（两件）（见表1.1的图6、图42、图43）。还有莲瓣纹三足银壶（见表1.1的图53）的壶盖上的凸瓣纹的应用也是如此，有异曲同工之妙。

虽然凸瓣纹在圆形盒的应用不如花瓣形盒富丽，但相比仅利用纹样布局进行的装饰，凯波双鸳纹圆形银盒（见表1.1的图34）的莲瓣纹及与盒沿应用的角隅纹样起到了增加装饰层次感和装饰区域划分的明晰感的作用。

在壶这种形制中，凸瓣纹除了壶盖与盒盖的相似应用外，大多应用于壶体下腹部，以平錾多层莲瓣为主要形象，形成比较完整的莲瓣纹装饰带，角隅纹样一般分布在上层莲瓣纹之上，主要作用是辅助莲瓣纹进行壶体下腹的装饰，完成壶体上下腹的装饰分区。这种形式的凸瓣纹在法门寺乐伎纹银香宝子、法门寺人物纹银香宝子（见表1.1的图108、图109）亦有类似应用。其形象大多简练，有莲叶纹、小簇花等类型，多用錾刻细线的手法，与晚唐时期莲瓣纹、折枝纹等植物纹的装饰手法相近，体现当时的装饰特点。其中，角隅纹样采用莲叶纹以及这种装饰手法的器物在9世纪有广泛的应用，如水邱氏人物纹四足银壶、咸阳缠枝纹金注壶、法门寺银阏伽瓶、法门寺盆形银炉、法门寺乐伎纹银香宝子、法门寺人物纹银香宝子（见表1.1的图76、图77、图102、图104、图108、图109）。而小簇花为丁卯桥童子纹三足银壶（见表1.1的图74）的应用纹样。从地域上来说，咸阳缠枝纹金注壶、法门寺盆形银炉、法门寺乐伎纹银香宝子、法门寺人物纹银香宝子为北方地区制作的器物，其角隅纹样多采用背面的莲叶纹，形象简练、线条粗放；丁卯桥童子纹三足银壶、水邱氏人物纹四足银壶为南方的代表器物，其角隅纹样采用小簇花这类变异的纹样，还有在水邱氏人物纹四足银壶中具有莲叶侧卷等丰富细节更为生动的莲叶表现，充分体现了晚唐金银器制作南北方地域上的不同特点——北方的粗放，南方的细腻和富有生活化、世俗情趣。

凸瓣纹在瓶上的应用只有一例，就是佛教寺院专用器物——法门寺银阏伽瓶（见表1.1的图102），它的应用与佛教教义有密切的关系，也从一个侧面体现了凸瓣纹应用的广泛性。

通过对凸瓣纹在各种器物形制上应用的分析及其纹样基础上角隅纹样的分布分析，充分体现了凸瓣纹的实用性和灵活性，及与文化需求相结合的特点，并且其演变过程是"以外为用"的吸纳、融合外来文明方法的体现。

总之，角隅纹样与形制的关系，既体现了形制对纹样布局的决定作用，又展示出纹样对形制强大的塑造作用。角隅纹样在器物中的分布及作用，使笔者对传统图案的审美意识和设计规律有了更加深入的认识。

表 4.1 角隅形成原因类型表

角隅形成原因类型		形制	部位
形制结构	折棱结构	碗	外壁
		折腹高足杯	杯壁
		带把杯	杯外壁
	不规则形结构	不规则盒	盒顶面
			盒侧面
	多曲结构	壶	器身
		炉	壁
		碗	壁
		盆	内外壁
		长杯	杯内壁

（续表）

角隅形成原因类型		形制	部位
构图	平面及立面	带把杯	壁
		筒腹高足杯	杯壁
		耳杯	杯耳
		圆盒	盖
			上下合
		蛤形盒	盖和底
		方盒	斜刹面、顶面、侧面
		壶	器身、盘面
		炉	壁
		碗	壁、内底心、圈足
		盆	内底心
		盘	内底心
		瓶	腹部
		塔	四壁
		香囊	开合边缘
		银温器	内盘
		棺	顶面和侧面
		首饰	梳背上面
		茶碾子	侧壁
		茶罗子	侧面
	凸瓣纹	折腹高足杯	杯壁、圈足
		筒腹高足杯	杯壁
		弧腹高足杯	杯壁
		带把杯	杯下腹
		圆盒	盖
		花瓣形盒	盖
		碗	壁
		壶	器身、盖
		炉	圈足
		瓶	腹部、圈足
		棺	底座
		香宝子	壁下腹
		银盐台	盘

表 4.2　器物与角隅分布情况统计表

形制		部位	角隅形成原因类型	器物
杯	折腹高足杯	外壁	折棱结构及凸瓣纹	表 1.1 的图 15、图 16、图 17、图 18、图 19、图 20、图 21、图 22、图 23
		圈足	构图—凸瓣纹	表 1.1 的图 17
	筒腹高足杯	外壁	构图	表 1.1 的图 25、图 27、图 28
		外壁	构图—凸瓣纹	表 1.1 的图 26
	弧腹高足杯	外壁	构图—凸瓣纹	表 1.1 的图 1、图 2、图 4、图 24
	带把杯	外壁	构图	表 1.1 的图 5、图 29、图 30
		外壁	折棱结构	表 1.1 的图 9、图 10
		下腹	构图—凸瓣纹	表 1.1 的图 29
	长杯	内壁	多曲结构	表 1.1 的图 60
		杯耳	构图	表 1.1 的图 58
盒	圆盒	盖	构图	表 1.1 的图 3、图 31、图 32、图 33、图 35、图 36、图 37、图 38、图 39、图 40、图 41、图 61
		盖	构图—凸瓣纹	表 1.1 的图 34
	花瓣形盒	盖	凸瓣纹和多曲结构	表 1.1 的图 6、图 42、图 43
		盖	多曲结构	表 1.1 的图 95、图 96、图 97
	不规则形盒	侧面	不规则形结构	表 1.1 图 68、图 69、图 70、图 71、图 72、图 77
		盖	不规则形结构	表 1.1 的图 77
	蛤形盒	盖和底	构图	表 1.1 的图 44、图 45、图 59、图 62、图 63
	方盒	斜刹面	构图	表 1.1 的图 89、图 90、图 92、图 93
		顶面	构图	表 1.1 的图 46、图 47、图 90、图 91、图 92、图 93、图 94
		各侧面	构图	表 1.1 的图 47、图 91、图 92、图 93
碗		壁	构图—凸瓣纹	表 1.1 的图 8、图 11、图 12、图 13、图 14、图 48、图 78
		壁	多曲结构	表 1.1 的图 48、图 84
		壁	构图	表 1.1 的图 50、图 51
		内底心	构图	表 1.1 的图 50、图 88
		圈足	构图	表 1.1 的图 11、图 12、图 13、图 14

(续表)

形制		部位	角隅形成原因类型	器物
壶		器身	多曲结构	表1.1的图74、图76、图85、图101
			构图	表1.1的图52、图55、图75、图100
			构图—凸瓣纹	表1.1的图74、图75、图76、图77
		盘面	构图	表1.1的图101
		盖	构图—凸瓣纹	表1.1的图53、图54
炉		壁	多曲结构	表1.1的图104
			构图	表1.1的图103
		炉座	构图—凸瓣纹	表1.1的图104
盆		内外壁	多曲结构	表1.1的图99
		内底心	构图	表1.1的图99
盘		内底心	构图	表1.1的图64、图65、图86、图87
瓶		腹部	构图	表1.1的图66
			构图—凸瓣纹	表1.1的图102
		圈足	构图—凸瓣纹	表1.1的图102
塔		四壁	构图	表1.1的图110
香囊		开合边缘	构图	表1.1的图57
银温器		内盘	构图	表1.1的图112
棺		顶面及侧面	构图	表1.1的图80、图81、图82、图83
		底座	构图—凸瓣纹	表1.1的图111
首饰	梳背	装饰带之间	构图	表1.1的图56
茶器	茶碾子	侧壁	构图	表1.1的图105
	香宝子	壁下部	构图—凸瓣纹	表1.1的图108、图109
	银盐台	盘面	构图—凸瓣纹	表1.1的图107
	茶罗子	侧面	构图	表1.1的图106

第 5 章
结 论

第 5 章

结 论

角隅纹样属于适合能力强的辅助纹样，其灵活分布与变化丰富的特点充分展现在唐代金银器上。本文从角隅纹样在题材、装饰区域以及与形制关系三方面展开讨论，得出如下认识。

从题材角度看，角隅纹样的组织形式包括缠枝、折枝、花结、团花等，题材则包括植物纹、动物纹、人物纹及其他四类。由于组织形式的特点不同，在唐代金银器装饰运用中，以折枝居多，缠枝次之，花结依附于特殊形制对角隅进行装饰，团花则体现了纹饰在器物装饰中的创新。唐代各类植物纹样花卉题材越出越多，品类越来越繁，地位持续上升，终于成为装饰题材的主流。植物纹表现力和可塑性强，可据其形式规律、区域特点进行组织，或分割或组合，在角隅纹样中应用最广。动物纹样较之前代也有了显著的变化，不仅令造型的写实性加强，更增加了新的题材，越来越向生活靠拢，体现着社会审美风尚的变迁。其他类型中的各种纹样虽然比较杂乱，不成系统，但在不同程度上体现了唐代社会、经济和文化的各个层面对金银器装饰的影响，也是唐代装饰纹样异常丰富的体现。

从区域分类角度看，因装饰功能要求，角隅纹样分布在各种形制的不同位置，特别是在形制变化丰富的唐代金银器上，体现得更为明显、灵活、生动。角隅纹样依据装饰单元内外还可细化其装饰类型，装饰单元外的角隅纹样包括装饰单元间、两层装饰区间，装饰单元内的角隅纹样类型则包括方形或近似方形、扇形、特殊形制。角隅纹样在装饰单元内外的布局，除受自身形式因素制约外，更取决于器物形制结构、图案布局。角隅纹样以种类繁多、面貌丰富，从一个侧面反映了唐代金银器纹样装饰特点，体现了唐代人的审美情趣和时代风尚。

从形制与角隅纹样关系角度看，构图通常依据形制特点，运用各种纹样完成装饰。纹样依附于器物而存在，其形成原因均与形制有关，可概括为结构和构图两种。形制的多种结构可对装饰区域产生影响，而导致角隅纹样产生的特殊结构因素主要有折棱、不规则形、多曲几种，其中折棱属吸收外来文明的形制结构，应用时间虽短，但应用形制较多，它的演变及消失是唐代文化对外来文明吸收、结合并创新的结果，也是外来文明逐渐中国化的有力见证。不规则形、多曲是唐代金银器逐渐成熟的产物，是唐代审美情趣和审美时尚的充分体现。而在此影响下的角隅纹样是构图中较灵活的因素，起到或精巧点缀、或画龙点睛、或丰富种类、或塑造形制等作用。构图因素可分为平面和立面，再加上凸瓣纹的应用，构图变化更为丰富。角隅纹样与形制的关系，既体现了形制对纹样布局的决定作用，又展示出纹样对器物强大的装饰及塑造作用。

从时间上梳理角隅纹大体可分三个时期，即7世纪中叶至8世纪前半叶初，为原始及发展时期；8世纪中叶至后半叶，为成熟时期；9世纪，为多样化时期。

第一时期，角隅纹样与主题纹样同步发展，呈现出对外来文化的模仿、接受到逐渐中国化的过程。题材内容丰富，形象纤细娇小，构图分散，依形制和新构图形式灵活分布，主要起到装饰作用。第二时期，纹样逐渐成熟，趋向程式化，题材以折枝、半花应用居多，也有扁团花和同心结纹等变形或组合纹的应用，形象较前期大而完整、写实性加强，功能上增加对装饰单元的分割、装饰作用。第三时期，纹样趋向多样化、世俗化，构图和装饰风格具有明显的地域特色。题材中折枝、莲叶、卷云的应用居多，形象更加完整，组织性增强，除装饰功能得到强化之外，增加了对器物外形的塑造作用，并实现了"饰"向"型"的转变。总之，角隅纹样的演变以及对外来文明的吸收、创新，从一个新的视角展现了唐代金银器装饰演变的历史全貌，这既是唐代金银器逐渐成熟发展的体现，也是外来器物形制与本土文化相融合的结果。异常绚丽、华美、气势磅礴的唐代装饰风格，不仅是技术发展的产物，更是社会、经济、文化影响下审美风尚作用的结果。唐代金银器发展呈现出逐渐丰富、生活化、世俗化的趋势，也表现出南北不同的地域风格，是集器物制作、地方差异、文化内涵于一身的工艺精品，代表了唐代的艺术水平。

另外，唐代金银器角隅纹样对现代设计启示颇多。第一，融合、集成多种纹样的构成方法，是在追求华丽、丰富的视觉感受，同时又融合多种文化思想的表现，卷草纹和宝相花是其典型；第二，广泛选用贴近生活和人们喜闻乐见的题材，并利用变换视角、局部元素、摘取纹样单元等方式实现多样化，是纹样设计的重要方法，多种团花纹就是运用这种方法构成的角隅纹样。第三，把吉祥、如意、长生等各种寓意融入纹样实现纹样形象的创新，是实现纹样多样化的重要方法，卷云纹的四个变形类型是这一方法的典型应用。第四，在题材选择及构图方面，纹饰根据不同装饰位置、不同的形制及结构，面貌丰富、灵活生动，是高超设计能力的体现，仅从角隅纹样灵活多样的分布就可窥见一斑。第五，把工艺手法转化为纹饰是器物装饰的一大法宝，简单的纹饰经巧妙的工艺处理后，风采迥异。比如法门寺盆形银炉的炉壁和炉座以錾刻的手法，表面起伏不大，而炉座上部锤揲出一周膨起的莲瓣纹，既在造型上完成了盆向炉座的过渡，也像裙边一样装饰炉座，实现了由"饰"向"型"的转变，凸显了浑圆、典雅的装饰面貌。第六，开光、壸门等相关艺术装饰手法的运用，既增加了装饰效果，也丰富了构图形式，充分体现了各艺术门类之间相互的影响。这些设计方法在金银器中广泛应用，很多却是现代设计缺乏的，非常值得借鉴。

综上所述，对唐代金银器角隅纹样的研究不仅是一种纯装饰研究，更是对特殊形制与多种纹饰关系的研究。这种关系是唐代各时期社会、经济、文化特征的体现，是中外文化碰撞在金银器制作上的反映，体现了从吸收、结合到创新的过程。唐代人挣脱信仰、宗教等束缚，对外来文明和艺术形式进行吸收和创新，为当代中国在国际化趋势影响下，在中外文化频繁碰撞过程中如何对待外来文化，提供了有益的借鉴。

参考文献

[1] 艾哈迈德·爱敏. 阿拉伯—伊斯兰文化史. 五册 [M]. 史希同, 译. 北京: 商务印书馆, 2001.

[2] 敖汉旗文化馆. 敖汉旗李家营子出土的金银器 [J]. 考古, 1978 (2).

[3] 保全. 西安市文管会收藏的几件唐代金银器 [J]. 考古与文物, 1982 (1).

[4] 薄小莹. 敦煌莫高窟六世纪末至九世纪中叶的图案装饰: 敦煌吐鲁番文献研究论集 [C]. 北京: 北京大学出版社, 1990.

[5] 丹徒县文教局等. 江苏丹徒丁卯桥出土唐代银器窖藏 [J]. 文物, 1982 (11).

[6] 段鹏琦. 西安南郊何家村唐代金银器小议 [J]. 考古, 1980 (6).

[7] 敦煌研究院. 敦煌石窟全集 [M]. 上海: 上海人民出版社, 2001.

[8] 敦煌研究院. 敦煌图案摹本 [M]. 南京: 江苏古籍出版社, 2000.

[9] 法门寺考古队. 法门寺地宫珍宝[M]. 西安：陕西人民美术出版社，1989.

[10] 费兰兹·萨雷斯·玛雅. 装饰艺术手册[M]. 孙建君，刘赦，译. 上海：上海人民美术出版社，1995.

[11] 甘肃省文物工作队. 甘肃省泾川县出土的唐代舍利石函[J]. 文物，1963（3）.

[12] 葛承雍. 法门寺地宫珍宝与唐代内库：首届国际法门寺历史文化学术研讨会论文选集[C]. 西安：陕西人民教育出版社，1992.

[13] 耿鉴庭. 西安南郊唐代窑藏里的医药文物[J]. 文物，1972（6）.

[14] 敦煌研究院文献研究所. 敦煌图案[M]. 兰州：甘肃人民美术出版社，1996.

[15] 国家文物局. 中国文物精华大辞典——金银玉器卷[M]. 上海：上海辞书出版社，1996.

[16] 韩金科. 法门寺文化史[M]. 北京：五洲传播出版社，2002.

[17] 韩伟. 唐代冶银术初探[M]. 北京：文物出版社，1985.

[18] 陆九皋，韩伟. 唐代金银器[M]. 北京：文物出版社，1985.

[19] 韩伟. 从饮茶风尚看法门寺等地出土的唐代金银茶具[J]. 文物，1988（10）.

[20] 韩伟. 海内外唐代金银器萃编[M]. 西安：三秦出版社，1989.

[21] 韩伟. 法门寺地宫唐代随真身衣物帐考［J］. 文物，1991（5）.

[22] 韩伟. 中国考古文物之美—佛门秘宝大唐遗珍陕西扶风法门寺地宫［M］. 北京：文物出版社，1994.

[23] 河南省文化局文物工作二队. 河南上蔡县贾庄唐墓清理简报［J］. 文物，1964（2）.

[24] 何兆武. 中西文化交流史论［M］. 北京：中国青年出版社，2001.

[25] 加藤繁. 唐宋时代金银之研究［M］. 北京：联合准备银行，1944.

[26] 嘉纳正治. 白鹤美术馆［M］. 东京：日本写真印刷株式会社，1981.

[27] 江苏省文物工作队镇江分队. 江苏镇江甘露寺铁塔塔基发掘记［J］. 考古，1961（6）.

[28] 喀喇沁旗文化馆. 辽宁昭盟喀喇沁旗发现唐代鎏金银器［J］. 考古，1977（5）.

[29] 蓝田文管会. 陕西蓝田发现一批唐代金银器［J］. 考古与文物，1982（1）.

[30] 雷圭元. 图案基础［M］. 北京：人民美术出版社，1963.

[31] 雷圭元. 新图案学［M］. 台北：台湾商务印书馆，1984.

[32] 雷圭元. 中国图案作法初探［M］. 香港：香港丹青图书有限公司，1986.

[33] 贡布里希. 艺术与错觉［M］. 范景中，译. 杭州：浙江摄

影出版社，1987.

[34] 李有成. 繁峙县发现唐代窖藏银器 [J]. 文物季刊，1996 (1).

[35] 刘向群等. 陕西省耀县柳林背阴村出土一批唐代金银器 [J]. 文物，1966 (1).

[36] 林海村. 中国境内出土带铭文的波斯和中亚银器 [J]. 文物，1997 (9).

[37] 鲁道夫·阿恩海姆. 艺术与视知觉 [M]. 滕守尧等，译. 成都：四川人民出版社，1998.

[38] 鲁道夫·阿恩海姆. 中心的力量——视觉艺术构图研究 [M]. 张维波，周彦，译. 成都：四川美术出版社，1991.

[39] 陆九皋，刘建国. 丹徒丁卯桥出土唐代银器试析 [J]. 文物，1982 (11).

[40] 卢兆荫. 从考古发现看唐代的金银"进奉"之风 [J]. 考古，1983 (2).

[41] 卢兆荫. 试论唐代的金花银盘：中国考古研究—夏鼐先生考古五十年纪念文集 [C]. 北京：文物出版社，1986.

[42] 史树青. 中国文物精华大辞典－金银玉器卷 [M]. 上海：上海辞书出版社，1996.

[43] 鲍里斯·艾里克·马尔沙克. 粟特银器 [M]. 李梅田，付承章，吴忧，译. 上海：上海古籍出版社，2019.

[44] 玛扎海里. 丝绸之路：中国—波斯文化交流史 [M]. 耿昇，译. 北京：中华书局，1993.

[45] 蒙德里安. 造型艺术和纯粹造型艺术——具象艺术和非具象艺术 [M]. 沈阳：春风文艺出版社，1990.

[46] 浙江省文物考古研究所. 浙江省文物考古研究所学刊（第一辑）[M]. 北京：文物出版社，1981.

[47] 欧阳琳. 莫高窟壁画图案 [M]. 兰州：甘肃人民出版社，1986.

[48] 齐东方. 评《海内外唐代金银器萃编》[J]. 考古，1991 (2).

[49] 齐东方. 中国古代金银器皿与波斯萨珊王朝：伊朗学在中国论文集 [C]. 北京：北京大学出版社，1993.

[50] 齐东方. 唐代金银器研究 [M]. 上海：社会科学出版社，1995.

[51] 芮传明，余太山. 中西纹饰比较 [M]. 上海：上海古籍出版社，1995.

[52] 陕西省博物馆. 隋唐文化 [M]. 上海：学林出版社，1990.

[53] 陕西省博物馆等. 西安南郊何家村发现唐代窖藏文物 [J]. 文物，1972 (1).

[54] 陕西省博物馆文管会写作小组. 从西安南郊出土的医药文物刊唐代医药的发展 [J]. 文物，1972 (6).

[55] 陕西省考古研究所等. 陕西新出土文物集萃 [M]. 西安：陕西旅游出版社，1993?.

[56] 陕西考古研究所. 陕西新出土文物选萃 [M]. 重庆：重庆出版社，1998.

[57] 陕西历史博物馆,北京大学考古文博学院,北京大学震旦古代文明研究中心. 花舞大唐春——何家村遗宝精粹[M]. 北京:文物出版社,2003.

[58] 陕西省法门寺考古队. 扶风法门寺塔唐代地宫发掘简报[J]. 文物,1988(10).

[59] 陕西省博物馆等. 唐郑仁泰墓发掘简报[J]. 文物,1972(7).

[60] 陕西省博物馆等. 唐懿德太子墓发掘简报[J]. 文物,1972(7).

[61] 陕西省文物管理委员会. 唐永泰公主墓发掘简报[J]. 文物,1964(1).

[62] 山西省文物管理委员会晋东南文物工作组. 山西长治北石槽唐墓[J]. 考古,1965(9).

[63] 尚刚. 唐代工艺美术史[M]. 杭州:浙江文艺出版社,1998.

[64] 申秦雁. 陕西省历史博物馆珍藏[M]. 北京:人民美术出版社,2003.

[65] 石田茂作. 奈良时代文化杂考·正仓院御物奈良时代文化[M]. 创元社,1926.

[66] 宿白. 中国境内发现的中亚与西亚遗物:中国大百科全书·考古卷[M]. 中国大百科全书出版社,1986.

[67] 苏立文. 东西方美术的交流[M]. 陈瑞林,译. 南京:江苏美术出版社,1998.

[68] 孙机. 中国圣火[M]. 沈阳:辽宁教育出版社,1996.

[69] 孙培良. 略谈大同市南郊出土的几件银器和铜器 [J]. 文物，1977（9）.

[70] 夏鼐. 近年中国出土的萨珊朝文物：夏鼐文集 [M]. 北京：社会科学文献出版社，2000：75－81.

[71] 西安市文物管理委员会. 西安市东南郊沙坡村出土一批唐代银器 [J]. 文物，1964（6）.

[72] 王镛. 中外美术交流史 [M]. 长沙：湖南教育出版社，1998.

[73] 阎磊. 西安出土的唐代金银器 [J]. 文物，1959（8）.

[74] 镇江市博物馆、山西省博物馆主编. 唐代金银器 [M]. 北京：文物出版社，1985.

[75] 赵超. 法门寺出土金银器反映的晚唐金银制作业状况及晚唐金银器风格：首届国际法门寺国际研讨会论文选集 [C]. 西安：陕西人民教育出版社，1992.

[76] 赵超. 略谈唐代金银器研究中的分期问题：汉唐与边疆考古研究（第一辑）[M]. 北京：科学出版社，1994.

[77] 中国美术全集编辑委员会，杨伯达. 中国美术全集—工艺美术编 10 金银玻璃珐琅器 [M]. 北京：文物出版社，1987.

[78] 中国文物编委会. 中国文物精华 [M]. 北京：文物出版社，1992.

附　录

插图出处一览表

图序及图名	出处
图 2.16 喀喇沁双鱼罐形银壶线图	陆九皋、韩伟：《唐代金银器》，北京：文物出版社，1985，线图 152。
图 2.17 背阴村双鱼纹金长杯图	韩伟：《海内外唐代金银器萃编》，西安：三秦出版社，1989，线图 190。
图 2.18 "齐国太夫人"荷叶形银盘线图	齐东方：《唐代金银器研究》，第 27 页，北京：中国社会科学出版社，1995。
图 2.19 "李勉"圆形银盒线图	陆九皋、韩伟：《唐代金银器》，北京：文物出版社 1985，线图 136。
图 2.20 "齐国太夫人"双鱼纹金长杯杯心图	齐东方：《唐代金银器研究》，第 52 页，北京：中国社会科学出版社，1995。
图 2.21 西安荷叶形银盘线图	陆九皋、韩伟：《唐代金银器》，北京：文物出版社，1985，线图 171。
图 2.30 "李郁"绶带纹云头形银盒绶带纹图	齐东方：《唐代金银器研究》，第 155 页，北京：中国社会科学出版社，1995。
图 2.31 "李杆"葵花形银盘绶带纹图	齐东方：《唐代金银器研究》，第 155 页，北京：中国社会科学出版社，1995。

其他插图见表 1.1。